Polyglott-Reiseführer

Steiermark

Margret Sterneck

Polyglott Verlag München

Langenscheidt Mini-Dolmetscher Österreichisch

Das Österreichische hat viel mit dem Bairischen gemeinsam. Nur die Vorarlberger stehen sprachlich dem Schwäbischen näher. Der ständige Kontakt Altösterreichs mit den vielen Völkern der Habsburgermonarchie, aber auch mit den Nachbarn ließ zusätzlich vielerlei sprachliche Elemente ins Österreichische einfließen. So ist diese Sprache bis heute voller Eigenheiten, die dem (Nord-)Deutschen weitgehend fremd sind.

A

aba, ober [owa]	herunter
abistessen [obischdessn]	hinabstoßen, in einem Zug austrinken
Adabei	Wichtigtuer („Auchdabei")
allweil, allerweil [allaweil]	immer, stets
alsdann [oisdann]	also dann (Einleitung oder Aufforderung)
anbandeln [anbandln]	ein Liebesverhältnis einzuleiten versuchen
anessen [anessn]	sich satt essen
antun, sich etwas	sich (grundlos) über etwas aufregen
auffi	hinauf
ausgsteckt is	Anzeige durch einen Föhrenzweig, dass ein Heuriger geöffnet ist

B

Backhendl	Backhähnchen, frittiert
benzen [benzn]	betteln, bitten, tadeln
bissel, bisserl	ein wenig, bisschen
blad [blaad]	dick
brocken	pflücken
brodeln [brodln]	trödeln, langsam sein
büseln [büsln]	schlafen
Bussel, Busserl	Kuss, Küsschen

D

dalkert [dalkad]	dumm, kindisch, ungeschickt
damisch	dumm
Deka	10 Gramm
Doppler	2 Liter (-Flasche)
Dulliöh [dulliäh]	Rausch, Ausgelassenheit

E

eh	ohnehin
einschichtig	einsam, abgelegen, einzeln
Erdäpfel	Kartoffeln

F

fad	langweilig, ängstlich
fadisieren	sich langweilen
Falott	Gauner
fensterln	nachts ein Mädchen besuchen (durchs Fenster)
fesch	hübsch, flott, gut angezogen
Fetzen [Fetzn]	Lumpen, Staubtuch, Kleidungsstück, Rausch
Fierant	(Markt-)Händler
fretten [frettn]	sich abarbeiten, sehr bemühen
Frittate	Pfannkuchen, geschnitten

G

Gatsch [gaadsch]	Matsch, Brei
geldig [gödig]	reich
Gelse [Gössn]	Stechmücke
gelt? [gö]	nicht wahr?
gespritzt [gschbritzt]	verdünnt (mit Soda- oder Mineralwasser)
Gfrett, Gefrett	Plage, Mühe, Ärger
Glump, Glumpert	wertloses Zeug
gmahte Wiesen	sicherer Erfolg
Goscherl	Mund
grantig	übel gelaunt
grauslich	ekelhaft, hässlich
gschert, geschert	dumm, grob, ungebildet

H

Haberer [hawara]	Freund, Kumpan, Liebhaber
hatschen [hadschn]	schlendern, hinken, schleppend gehen

Hauer	Winzer
heurig	diesjährig

J

Jänner	Januar
Jause	Zwischenmahlzeit
jö!	oh! (Ausruf des Erstaunens)

K

keppeln [keppln]	schimpfen, keifen
klauben [klaubn]	pflücken, aufsammeln
kletzen [klezzn]	zupfen, kratzen
knotzen [knozzn]	herumlümmeln
kommod	bequem, angenehm
kraxeln [kraxln]	klettern
Krügel [Krügl]	Halbliterglas (Bier)
Kukuruz	Mais
kusch!	halt den Mund!

L

Lackerl [lackal]	Pfütze, kleine Menge Flüssigkeit
Lapp	einfältiger Mensch
leinwand [leiwaund]	ausgezeichnet, toll

M

marod	krank, geschwächt
Matura	Abitur
muffeln	schlecht riechen, schimmelig riechen

N

niederlegen	sich ins Bett legen
notig	arm, in Not

O

Obers	Schlagsahne (süss)

P

paschen [boschn]	klatschen
patschert [bodschad]	unbeholfen
pflanzen [pflanzn]	foppen, ärgern
Pfusch	Schwarzarbeit, schlechte Arbeit
picken [bickn]	kleben
Piefke	Deutscher (abwertend)
plauschen	plaudern, verraten, lügen
pomali	langsam
Powidl	Pflaumenmus
pracken [brakkn]	klopfen, schlagen
präpotent	überheblich, aufdringlich
pressieren [bressian]	eilig sein
Putzerei	Reinigung

R

rass	scharf, beissend, feurig
Rauchfangkehrer	Schornsteinfeger
raunzen [raunzn]	nörgeln, jammern
resch	knusprig

S

Sackerl [sackal]	Papier- oder Plastiktüte
schiech [schiach]	hässlich
Schmäh	Scherz, Witz, Versuch auf den Arm zu nehmen
sekkant	zudringlich, lästig
sekkieren [sekkian]	aufdringlich sein
Servus!	Begrüßungs- oder Abschiedsgruß unter Bekannten (wörtlich: Diener)
spannen	merken, ahnen
stad [schdaad]	ruhig, still
Stamperl [schdampal]	kleines Schnapsgläschen
Stoppel [schdoppl]	Stöpsel, Korken
strabanzen [schdrawanzn]	sich herumtreiben

T

Trafik	Tabakladen
tramhapert [draamhapat]	geistesabwesend, unausgeschlafen
tummeln	sich beeilen

W

wuzeln [wuzln]	wickeln, drehen, sich durchdrängen

Z

Zipp	Reißverschluss
zizerlweis	in kleinen Schritten, nach und nach
zufleiß [zfleiß]	absichtlich

Allgemeines

Städtebeschreibung

Obwohl die zweitgrößte Stadt Österreichs, begrüßt das ein wenig abseits im Südosten der Alpenrepublik gelegene Graz erstaunlich wenige Touristen. Die Grazer stört das nicht, sie genießen das südländische Flair ihrer Heimatstadt auch gerne allein. Und die kleine Zahl der Urlaubsgäste weiß es zu schätzen, dass sie nicht allzu sehr im Mittelpunkt der Grazer Geschäftstüchtigkeit steht; so kann sie ungestört entdecken, welch gelungene Symbiose Geschichte und Avantgarde hier eingegangen sind.

8 Routen durch die Steiermark

Route 1

Berge von unten und von oben: Zu Füßen des Dachsteins wurde die Sommerfrische quasi erfunden, in luftigen Höhen dreht sich alles um den Skisport.

Route 2

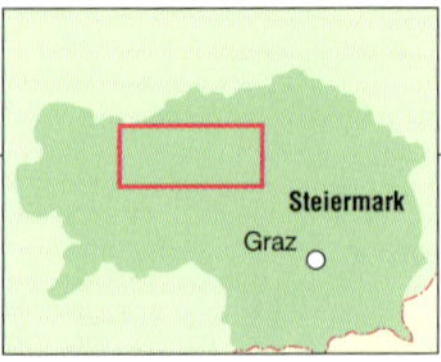

An Mysterien ist rund um die Eisenerzer Alpen kein Mangel: sei es in der Bibliothek des Stiftes Admont oder angesichts der Geschichte des Erzbergs.

8 Routen durch die Steiermark

Heute
Kasnocken
Specknocken
mit Salat
65,-

Editorial

Wollte man die Steiermark mit einem einzigen Satz charakterisieren, müsste er lauten: Sie lässt sich nicht auf einen Nenner bringen. Die Steiermark sei Österreichs in sich verschiedenstes Bundesland, konstatierte die Filmregisseurin und gebürtige Ausseerin Karin Brandauer. Recht hatte sie.

Während der Norden – so die steirische Landeshymne – „hoch vom Dachstein an, wo der Aar noch haust," beginnt, läuft der Süden in sanfthügeligen Weinbergen aus. Dazwischen liegen das wildromantische Ausseer Land, das Ennstal mit seinen bekannten Skigebieten, die Waldheimat des Schriftstellers Peter Rosegger, die Eisenstraße mit dem zur Stufenpyramide deformierten Erzberg, das Thermenland der Oststeiermark, die Weststeiermark, in der die Lipizzaner heranwachsen und der Schilcherwein reift. Und nicht zu vergessen die Landeshauptstadt Graz. Auch sie vereint Gegensätze: Tradition mit einer von Mitteleuropas besterhaltenen Altstädten und Avantgarde unter anderem mit dem international renommierten Festival „steirischer herbst".

Die Vielfalt in Kultur und Natur macht den Reiz der Steiermark aus – genauer: die stille Eintracht ihrer Widersprüche. Nichts hebt sich spektakulär heraus. Genau dies ist ein Grund, weshalb die Steiermark kein Ziel für den Massentourismus ist. Außerdem schien sie sich lange Zeit selbst genug; laut tönendes Werben um Gäste lag und liegt ihr nicht. Dass man sich an die Modernisierung der touristischen Infrastruktur machte, Gaststätten, Hotels und Stadtbilder aufpolierte, ist noch nicht allzu lange her. Um so frischer wirken die meisten Orte. Aber zwingen wollen die Steirer niemanden zu seinem Glück – wer jedoch kommt, der ist herzlich willkommen.

Die Autorin

Margret Sterneck
wuchs in Österreich auf und studierte in München Kunstgeschichte, Geschichte und Germanistik. Vor Übernahme einer Verlagsleitung 1998 arbeitete sie als Verlagslektorin und Autorin. Bei Polyglott ist von ihr neben der „Steiermark" der Band „Salzburg – Stadt und Land" erschienen.

Die grüne Mark

Der Beiname der Steiermark übertreibt nicht: 56 % des Landes sind von Wald bedeckt, Wiesen säumen die Täler. Die abwechslungsreiche Landschaft ist ein Dorado für Naturfreunde und Aktivurlauber. Wanderer können sie auf Touren erkunden, Kletterer sich im Dachsteingebiet, Gesäuse und Hochschwab, Mountainbiker in der Ramsau verausgaben, Kanuten und Rafter verschaffen sich auf der oberen Mur, der Enns und Salza den Nervenkitzel in der Natur. Und die Kultur. Trotz kunsthistorischer Schätze wie der Wallfahrtskirche Mariazell und dem Stift Admont sollte man nicht vergessen: Die Steiermark lernt man nur kennen, wenn man Sinn für ihre kleinen Reichtümer hat, das Apfelmuseum in Puch, Gsellmanns wunderliche Weltmaschine bei Feldbach, die Holzstraße um Murau –, und Zeit für eine Weinstraßen-Partie.

Lage und Landschaft

Die nördliche Grenze der Steiermark zu Ober- und Niederösterreich ziehen die scharfgratigen Gebirgsstöcke der Kalkalpen. Dort umschließen die vergletscherte Dachsteingruppe mit dem Dachstein (2995 m), das karstige Hochplateau des Toten Gebirges und der Gebirgsstock des Grimming (2351 m) den steirischen Anteil am Salzkammergut. Im Osten hat sich die Enns zwischen steilen Kalkwänden ein Bett durch die Ennstaler Alpen gebahnt, das Gesäuse, in dem es wirklich saust und braust. Noch wilder schießt weiter östlich die Salza durch das enge Tal des Hochschwabmassivs und der Kräuterin. Südlich der Kalkalpen verläuft ein Streifen der Grauwackenzone. Dieses sehr alte Gestein ist reich an Erzen. Das beweist eindrucksvoll in den Eisenerzer Alpen der Erzberg, den der Tagebau zur Stufenpyramide gehauen hat.

Von Salzburg ziehen die kristallinen Zentralalpen herüber. Der Name ihrer steirischen nördlichen Kette, Niedere Tauern, deutet an, dass diese nicht die Höhe der westlichen Zentralalpen erreicht. Sie trägt keine Gletscher, ist jedoch mit 47 über 2500 m hohen Gipfeln immer noch ein gewaltiges Massiv, dem rundere, von Almen und Wald bedeckte Berge vorgelagert sind.

Im Süden bilden die Zentralalpen mit den Gurktaler und Seetaler Alpen die west-östliche Grenze zu Kärnten. Mit dem Steirischen Randgebirge zusammen rahmen sie wie ein Halbmond die Mittelsteiermark. Dieser wald- und almenreiche Höhenzug erhebt sich kaum noch über 2000 m. Er markiert in der Kor- und Packalpe die Nord-Süd-Grenze zu Kärnten und zieht sich als ein von Gleinalpe, Fischbacher Alpen und Wechsel gebildetes Band bis an die Grenze zu Niederösterreich. Die Mur trennt die Mittelsteiermark in einen West- und Ostteil, in deren mildem Klima Wein und Obst kultiviert werden. In der Oststeiermark erinnern Basaltkegel und Mineralthermen an den urzeitlichen Vulkanismus.

Klima und Reisezeit

Die Steiermark gibt sich auch klimatisch eigenwillig, denn sie liegt in einem Übergangsklima zwischen alpinen und pannonischen Einflüssen. In der gebirgigen *Obersteiermark* garantiert

Der Bär ist los!

Die Begeisterung war groß, als der Braunbär den Wäldern nördlich des Salzatals wieder die Ehre gab. Aber bald war es für die Medien ein gefundenes Fressen, dass er Schafe und Bienenstöcke vernaschte. Und damit begann die Jagd – speziell die um ihre Pfründe fürchtenden Fremdenverkehrsbetriebe hatten Meister Petz doch lieber an der Kette …

alpines Klima mit langen, schneereichen Wintern Skivergnügen. Der Frühling beschert eine längere Periode unbeständigen Wetters, die Sommer sind relativ kurz. Seien Sie bei der Zusammenstellung Ihrer Wanderausrüstung auf die typischen Wetterumschwünge vorbereitet: Selbst wenn morgens die Sonne strahlt, kann es binnen weniger Stunden zu heftigen Niederschlägen kommen. Eine gute Zeit für Bergtouren ist der beständigere Herbst.

Die Alpen bilden eine natürliche Wetterscheide. Oft fährt man bei Regen in den Gleinalmtunnel ein und verlässt ihn im Sonnenschein. Dann geht es hinab ins *mittelsteirische Hügelland*, dessen Klima pannonisch beeinflusst und verhältnismäßig niederschlagsarm ist. Der warme Sommer und Herbst begünstigen Wein- und Obstanbau.

Natur und Umwelt

Vor wenigen Jahren entdeckte man in der Steiermark die zuvor in Mitteleuropa nicht heimische Birkenmaus. Sie huscht durch den Naturpark Grebenzen, ein Paradies für rund 250 Vogelarten. Wer im Hochschwabgebiet die Gemsen, am Dachstein die Murmeltiere und Raubvögel nicht sichtet, kann sie im Tierpark Mautern bzw. in der Greifvogelstation der Riegersburg sehen.

Der Blumenreichtum schafft Augenweiden wie die Narzissenwiesen und (Hoch-)Moorpflanzen im Ausseer Land, am Mitterndorfer Hochplateau und im Ennstal, wo ihnen allerdings durch die geplante Trassenführung der neuen Bundesstraße der Garaus droht. Auf der Tauplitzalm breiten sich Enzian und Almrausch aus, auf der Koralm der Frühlingskrokus. Besonders artenreich ist die Flora des Grabnersteins im Gesäuse. Das Gebiet des Zirbitzkogels weist Mitteleuropas größten Zirbenwald auf. Und gäb's die Edelkastanien in den Mischwäldern südlich von Graz bis zur südsteirischen Grenze nicht, hätten die Steirer ein Schmankerl weniger: heiße Maroni.

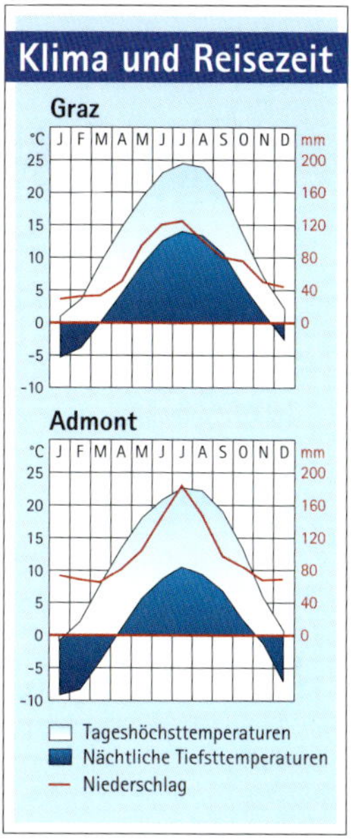

Bevölkerung

Die Einwohnerzahl nimmt in der von Strukturproblemen geplagten Industrieregion des Mur- und Mürztals ab, in der Umgebung von Graz zu. 84 % der Bevölkerung bekennen sich zum katholischen, nur 4,6 % zum protestantischen Glauben. Dieses Ungleichgewicht geht zurück auf die Gegenreformation, die in der Steiermark ganz besonders erfolgreich verlief: Die Anhänger Luthers wurden rigoros vor die Wahl gestellt, den Glauben zu wechseln oder zu verschwinden.

Mundart

Was spricht man in der Steiermark? Im Prinzip bairisch-österreichische Mundart, deren Wurzeln in der bajuwarischen Zuwanderung im 8. und 9. Jh. liegen. Allerdings sind regional starke Dialekteinfärbungen zu hören. Auf die Frage eines Köflacher Bauern „Wouhea beistn tou?" (Woher bist du?) antwortet ein Obersteirer „Neit fa to" (Nicht von da). Welch dramatische Entwicklung dieses Gespräch nimmt, ist Reinhard P. Grubers Satire auf die Steirer „Aus dem Leben Hödlmosers" (Residenz Verlag, Salzburg 1984) zu entnehmen.

Brauchtum

Am 5. Januar ziehen die Teilnehmer des *Glöcklerlaufs* in prächtigen, glitzernden Kostümen durch Stainach, der Auftakt der Maskenumzüge, die nach altem Brauch den Winter vertreiben und im Fasching gipfeln. Den feiert man am rauschendsten in Bad Aussee bei der Parade der *Trommelweiber,* maskierter Männer im Nachtgewand (Faschingsmontag), und der *Flinserln,* Ausseer in mit silbernen und bunten Pailletten übersäten Kostümen (Faschingsdienstag). Den Sommer läutet in Bad Aussee in der ersten Juniwoche das *Narzissenfest* mit einem Korso blumengeschmückter Boote und Autos ein. Im August zieht der Riese *Samson* – eine steirische Interpretation der biblischen Figur – herum: am ersten, dem Oswaldisonntag, durch Krakaudorf, am 15. des Monats durch Murau (s. S. 59). Gegen Ende September wird vielerorts festlich der *Almabtrieb* begangen, z. B. in der Ramsau. Am Nikolaustag ziehen die Teilnehmer des *Nikolospiels* durch Bad Mitterndorf und führen in jedem Lokal ihr Theaterspiel auf. Sie tragen schauerliche holzgeschnitzte Masken.

Steckbrief

Fläche: 16 387 km²

Einwohner: 1 204 000

Bevölkerungsdichte:
73 Einw./km²

Größte Städte:
Graz 238 000 Einw.,
Leoben 28 500 Einw.,
Kapfenberg 23 500 Einw.

Beschäftigte: 460 000. Rund 40,5 % arbeiten im sekundären (Energie- und Wasserversorgung, verarbeitendes Gewerbe, Bergbau, Industrie, Bauwesen), 56 % im tertiären (Handel, Dienstleistungen), 3,5 % im primären Sektor (Land- und Forstwirtschaft).

Wirtschaft

Der Niedergang der Rohstoffgewinnung und -verarbeitung hat in der Region der Mur-Mürz-Furche mit den Industriestandorten Leoben-Donawitz, Bruck a.d. Mur, Knittelfeld, Kapfenberg und Mürzzuschlag eine tiefe Strukturkrise ausgelöst. Lieferte der Erzberg einst 90 % der Ausbeute des österreichischen Bergbaus, so sind es heute nur 50 %. Die Holzindustrie betätigt sich verstärkt in der Veredelung des Grundstoffs, etwa zu Möbeln; hier kann die Steiermark Traditionsfirmen wie die Thonet-Möbelfabrik in Friedberg vorweisen. Forschungen der Universitäten, des Joanneum Research und Serviceeinrichtungen der Wirtschaftsförderung (Wf) unterstützen das Umsatteln auf innovative Produkte und intelligente Technologien. Die weltweit agierende AVL List GmbH entwickelt Verbrennungsmotoren und Messtechnik, die Fahrzeugwerke Steyr-Daimler-Puch produzieren u. a. für Chrysler und Audi.

Bei der Kürbiskernernte

Der Tourismus trägt mit 9,2 Mio. Übernachtungen (das Salzburger Land z. B. kommt, obwohl bei weitem nicht halb so groß, auf 23,7 Mio.!) nur 2–3 % zur Wertschöpfung bei. Am sinnlichsten erfahrbar sind die Erfolge der Nahrungs- und Genussmittelbranche: Dass die Steiermark ein Land der Biere – führende Marken sind Gösser, Reininghaus, Puntigamer sowie Murauer – und der Weine ist, entgeht Besuchern nicht.

Holz, ein Wirtschaftsfaktor

Die Landwirtschaft spielt nur noch eine geringe Rolle. Lediglich 3,5 % aller Erwerbstätigen sind im primären Sektor beschäftigt, nur 44 % aller Bauern bewirtschaften ihren Hof im Hauptberuf.

Politik und Verwaltung

Die Republik Österreich ist ein föderativer Bundesstaat, in dem die neun Bundesländer Hoheitsrechte der Landesverwaltung und -gesetzgebung besitzen. Auch in der Steiermark wählt die Bevölkerung alle vier Jahre einen Landtag. Der Vorsitzende der Landesregierung wird Landeshauptmann genannt – obwohl in der grünen Mark diese Funktion seit 1995 eine Frau innehat. Fünf Parteien haben Gewicht: die derzeit regierende Österreichische Volkspartei (ÖVP), die Sozialdemokratische Partei Österreichs (SPÖ), die Freiheitliche Partei Österreichs (FPÖ), die Grünen (ALG) und das von der FPÖ abgespaltene Liberale Forum (LIF).

Heiße Maroni satt

Geschichte im Überblick

Bis 10 000 v. Chr. In der Altsteinzeit durchstreifen Jäger und Sammler die Steiermark.

Ca. 3000–700 v. Chr. Bronzezeitliche Siedlungstätigkeit am Buchkogel bei Wildon, bei Großklein im Sulmtal und Judenburg im oberen Murtal.

Ca. 1000 v. Chr. Noriker wandern ein. Zentrum ihrer Kultur wird nach dem 4. Jh. die Stadt Noreia. Seit dem 2. Jh. besteht das Königreich Norikum. Sein Zentrum liegt in Kärnten, umfasst aber auch das Gebiet der Steiermark.

15 v. Chr. Norikum wird römische Provinz.

70 n. Chr. Kaiser Vespasian erhebt Flavia Solva (bei Leibnitz) zur Stadt, der einzigen römischen auf steirischem Boden.

4. Jh. Germanische Stämme verwüsten das Gebiet.

6. Jh. Awaren und Slawen besiedeln die Steiermark.

Um 750 Die Slawen rufen die Bajuwaren gegen die Awaren zu Hilfe, Beginn der bairischen Herrschaft.

788 Mit Entmachtung Tassilos III., Herzog von Bayern, fallen die steirischen Gebiete an das Fränkische Reich. Sie werden dem Salzburger Erzbistum zur Missionierung zugeteilt.

Nach 970 Nachdem Kaiser Otto I. die Ungarn geschlagen hat, wird das Gebiet der Steiermark zum Schutz der Ostgrenze des deutschen Reiches in drei Marken eingeteilt. Die einflussreichste, jene an der mittleren Mur, untersteht den Eppensteiner Markgrafen mit Stammsitz in Judenburg.

1050 Die Traungauer aus Steyr werden Markgrafen.

1122 Die Länder der Eppensteiner fallen als Erbe an die Traungauer. Diese setzen einen fürstlichen Führungsanspruch durch. Ihre erste Pfalz wird Hartberg.

1186 Der Traungauer Otakar IV. und der Babenberger Leopold V. von Österreich schließen einen Erbvertrag. Damit ihm die steirischen Ministerialen zustimmen, erhalten sie in der Georgenberger Handfeste große Privilegien.

1192 Otakar IV., erster Herzog von Steiermark, stirbt kinderlos; die Länder fallen an die Babenberger.

1246 Herzog Friedrich II., der letzte Babenberger, fällt in der Schlacht an der Leitha gegen die Ungarn. Der Hohenstaufer Kaiser Friedrich II. macht sich die Steiermark unmittelbar untertan.

1250 Kaiser Friedrich II. stirbt. Die Steiermark gerät in die Nachfolgekämpfe zwischen dem Ungarnkönig Bela IV. und dem späteren Böhmenkönig Ottokar II.

1278 Rudolf von Habsburg schlägt unter Mithilfe der steirischen Adeligen Ottokar in der Schlacht auf dem Marchfeld.

1282 Rudolf von Habsburg belehnt seine Söhne Rudolf und Albrecht I. mit den Herzogtümern Österreich und Steiermark.

1379 Im Vertrag von Neuberg teilen die Brüder Albrecht III. und Leopold III. die habsburgischen Erblande. Leopold erhält u. a. die Steiermark, Kärnten, Krain und Tirol. Graz wird Residenzstadt.

1412 Erster ständischer Landtag.

1452 Friedrich V., Herzog von Steiermark, wird in Rom zum Kaiser Friedrich III. gekrönt. Graz gelangt als Residenzstadt zu Reichtum und überregionaler Bedeutung.

1463 Durch Aussterben der Albertinischen Linie werden die habsburgischen Erblande wieder vereint.

1480 Heuschrecken, Pest und erste Türkeneinfälle.

1496 Unter Maximilian I. Vertreibung der Juden, die als Kreditgeber bisher gern gesehen waren. Der hochverschuldete Kaiser und die Stände werden damit ihre Gläubiger los.

1525 Aufstand der obersteirischen Bauern und Bergknappen im Zuge der auch durch Luthers Lehre motivierten Bauernkriege.

1532 Türken ziehen brandschatzend an Graz vorbei. Die Stadt wird daraufhin zur Festung ausgebaut.

1564 Erneute Teilung der habsburgischen Erblande nach dem Tod Kaiser Ferdinands I.: Erzherzog Karl II. erhält Innerösterreich mit Steiermark, Kärnten, Krain, Friaul und Triest. Graz wird wieder Residenzstadt.

1619 Erzherzog Ferdinand V. wird Kaiser Ferdinand II. Der unerbittliche Gegner des Protestantismus verlegt die Residenz nach Wien. Alle Anhänger Luthers müssen konvertieren oder emigrieren.

1748 Kaiserin Maria Theresia löst die innerösterreichische Verwaltung in Graz auf; das Zeitalter des Absolutismus beginnt.

1781 Joseph II. hebt die Leibeigenschaft auf, gewährt Religionsfreiheit.

1797–1809 Während der Napoleonischen Kriege besetzen Franzosen viermal die Steiermark. Erst nach 1815 kann sich das Land erholen.

1811 Erzherzog Johann stiftet seine Sammlungen dem Land Steiermark.

1848 Das Jahr der Märzrevolution bringt Wahlen für den steirischen

Römerstein aus dem Museum Frauenberg

Resolute Kaiserin: Maria Theresia

BUNDESLAND STEIERMARK

Geschichte im Überblick

Landtag, den österreichischen Reichstag und die deutsche Nationalversammlung.

1848–1854 Bau der Semmeringbahn. In den folgenden Jahrzehnten erlebt die steirische Eisen- und Stahlindustrie einen Aufschwung, ebenso die Kohleförderung.

1919/20 Die Steiermark wird Bundesland der neuen Republik Österreich, tritt aber den slowenischen Teil an Jugoslawien ab.

1938 Anschluss Österreichs an das Großdeutsche Reich, ein eigener Reichsgau Steiermark wird gebildet.

1945 Die Steiermark wird sowjetische, dann britische Besatzungszone.

1955 Der Österreichische Staatsvertrag beendet den Besatzungsstatus, Österreich ist wieder unabhängig.

1995 Österreich tritt der EU bei.

1998 Graz wird zur Kulturstadt Europas 2003 ernannt.

Erzherzog Johann

Hoch auf einer Felswand im Steireranzug, den Blick sinnend auf seine geliebte Steiermark gerichtet – so zeigen Abbildungen den „steirischen Prinzen" mit Vorliebe. In die Berge zog es Johann oft. „Jeder Gedanke an die große Welt, jeder Kummer schwindet hier. Frei ist der Atem, und man denkt sich auch frei", vertraute er seinem Tagebuch an. Hier suchte er Ruhe vor den Wiener Intrigen. Kaiser Franz II., sein großer Bruder und jeder Veränderung im Reich abhold, ließ den stark von den Ideen der Aufklärung geprägten Benjamin auf Schritt und Tritt beschatten. Johann war aber auch renitent: Volksnah, naturverbunden, die Wiener Intrigen zutiefst verachtend, gab er seiner kaiserlichen Familie manches Rätsel auf, schon gleich gar, als er sich mit der Postmeisterstochter Anna Plochl verlobte und mit ihr in wilder Ehe zusammenlebte. Jahrelang musste er auf die Erfüllung seines Herzenswunsches warten: sie mit dem Einverständnis der Wiener Hofburg heiraten zu dürfen.

Anfangs galt Johanns Vorliebe Tirol. Mit Verve unterstützte er Andreas Hofers Freiheitskampf. Nachdem Tirol 1809 auf immer verloren schien, besann er sich auf die Steiermark. Hier griff er weitsichtige Reformen an, und hier ließ Wien ihn gewähren. Johann engagierte sich als Privatier ohne offiziellen Auftrag. Gehör verschaffte er sich durch Sachkenntnis und Überzeugungskraft, seine Herkunft spielte dabei kaum eine Rolle. 1817 rief er die Landwirtschaftsgesellschaft aus adeligen Grundbesitzern und Bauern ins Leben. Auf seinem Brandhof (s. S. 70) betrieb er ein Mustergut. Ehe er die Grubenbesitzer am Erzberg zum gemeinschaftlichen Abbau aufrief, erwarb er in Vordernberg ein Radwerk und Radmeisterkenntnisse. Die Montanistische Hochschule (heute Montanuniversität) in Leoben, die Brandschadenversicherung, der Weinbau – sie und viele Einrichtungen und Bereiche mehr profitierten von seinen Anregungen. Ein Multitalent war Johann und ohne Lobhudelei ein Baumeister der modernen Steiermark.

Weniger erfolgreich war er bei der Reform des Deutschen Reiches. Nach der Märzrevolution 1848 wählte die Frankfurter Nationalversammlung ihn zum Reichsverweser. Anderthalb Jahre später war die bürgerliche Revolution gescheitert und Erzherzog Johann zurück in seiner Steiermark. Hier boten ihm die Stainzer den Bürgermeistersessel an, und er war sich nicht zu groß, ihn anzunehmen – sein erstes und einziges Amt in der Steiermark.

Kultur gestern und heute

Die Anfänge

Zu den Funden aus Fürstengräbern – so genannt wegen ihrer reichen Beigaben – der *Hallstattzeit* zählt der in Strettweg bei Judenburg geborgene Kultwagen (700 v. Chr.). Der Wissenschaft gibt die Symbolik dieses zeitlos schönen Kunstwerks Rätsel auf: Auf dem vierrädrigen Wagen hält inmitten einer Männergruppe eine Frauengestalt eine Opferschale hoch über den Kopf.

In Kleinklein bei Leibnitz entdeckte man rund 1000 Grabhügel, in vier Fürstenhügeln zwei Brustpanzer und eine Gesichtsmaske. Diese Preziosen sind wie der Strettweger Kultwagen im Schloss Eggenberg (s. S. 34) ausgestellt. Dort wurden auch Funde der *Römerzeit* versammelt: ein Großteil der Reliefplastiken, die man in Flavia Solva (bei Leibnitz) ausgegraben hat, der einzigen Römerstadt der Steiermark. Viele Steinreliefs sind im Hof von Schloss Seggau (s. S. 84) eingemauert.

Romanik

Große steirische Klöster entstanden in der Romanik. Den Anfang machten die Benediktiner mit dem Frauenstift Göß (1020), den Stiften Admont (1074) und St. Lambrecht (1103). Stift Rein (1129) ist Europas älteste noch bestehende Zisterzienserabtei. Stift Seckau (1140) war vor Übernahme durch die Benediktiner ein Augustiner-Chorherrenstift, Stift Vorau (1163) ist es noch heute. Doch die Zeitläufte überdauert haben nur wenige romanische Bauteile. Einzig die Stiftskirche Seckau vermittelt, obwohl gotisch eingewölbt, noch das Erlebnis der monumentalen Schlichtheit eines romanischen Innenraums. Ansonsten sind es nur kleine Sakral-

Förderer und Baumeister der modernen Steiermark, renitenter Habsburger: Erzherzog Johann

Die Semmeringbahn über den Pass verband Wien mit dem Hafen und Flottenstützpunkt Triest

Prachtexemplar steirischer Gotik, barock ergänzt: die Wallfahrtskirche Pöllauberg

Minnesangs Frühling

Eine Blütezeit erlebte der höfische Minnesang in der Steiermark. *Ulrich von Liechtensteins* wichtigste Werke, „Frauendienst" (1255) und „Frauenbuch" (1257), sind wegen ihrer Schilderungen des höfischen Ritterlebens und der wunderbaren Minnelieder von besonderem kulturgeschichtlichem Wert.

bauten wie der Karner in Hartberg, die aus der Romanik erhalten blieben. Ein einzigartiges Zeugnis romanischer Malerei liefert die vollständig mit Fresken ausgeschmückte Johanniskapelle in Pürgg. 1988 entdeckte man in der Pfarrkirche St. Georg bei Judenburg einen spätromanischen Freskenzyklus.

Gotik

Vom Übergang zur Gotik künden die Stadtpfarrkirche von Murau und die Madonna im Tympanon der Grazer Leechkirche. Meisterwerke der Hochgotik sind die beiden herrlich gelegenen Wallfahrtskirchen Pöllauberg (1339 bis 1374) und Straßengel (1346–1366), die Spätgotik dokumentieren der Grazer Dom (1438–1462) und die Doppelwendeltreppe (1499) der Grazer Burg. In Bruck a.d. Mur hat mit dem Kornmesshaus (1495–1505) ein schönes Beispiel eines gotischen Kaufmannshauses die Jahrhunderte überdauert.

Renaissance

Die Renaissance eröffneten italienische Baumeister, allen voran *Domenico dell' Allio*. Er schuf in Anlehnung an lombardische Paläste ab 1557 das Grazer Landhaus mit seinem stimmungsvollen Arkadenhof. Seine Haupttätigkeit bestand aber in der Befestigung der Landeshauptstadt – die Türken waren eine beständige Gefahr. Zu den bedeutendsten Bauwerken Österreichs im Übergang von der Renaissance zum Barock zählen drei Mausoleen: die Grabstätte Erzherzog Karls II. (1587–1611) in der Stiftskirche von Seckau, das von Pietro de Pomis errichtete Mausoleum (1614 bis 1694) Kaiser Ferdinands II. in Graz sowie das von Riesen bewachte Grab (1609–1688) Ruprechts von Eggenberg in Ehrenhausen.

Barock

Im Barock begann der groß angelegte Um- und Neubau der Stifte und Wallfahrtskirchen. Die Gegenreformation setzte glanzvolle äußere Zeichen ihres Sieges im christlichen Glaubenskrieg. Ab 1639 war der Graubündener *Domenico Sciassia* mit der Neugestaltung des Stiftes St. Lambrecht und der Wallfahrtskirche Mariazell betraut. Doch schon bald dominierten steirische Künstler das Handwerk. *Johann Gotthard Hayberger* entwarf den grandiosen Bibliothekssaal von Admont, den der Grazer Bildhauer *Josef Thaddäus Stammel* ausstattete. In Pöllau wirkten als Baumeister der Grazer *Joachim Carlone* und der Pöllauer *Remigius Horner*. In Vorau hinterließ der einheimische Maler und Bildhauer *Johann Cyriak Hackhofer* großartige Fresken. Unter den profanen Bauwerken wurde das Grazer Schloss Eggenberg vorbildlich für Österreichs Schlossarchitektur.

Gegenwart

Sieht man von *Peter Rosegger* (s. S. 64) ab – zu seiner Zeit ein Bestsellerautor, dessen Werk erst in den letzten Jahren neue Aufmerksamkeit fand –, betrat die steirische Kunst überregional erst wieder in der zweiten Hälfte des 20. Jhs. die Bühne, und zwar nicht nur auf dem Gebiet der Architektur. Diese macht in jüngster Zeit als *Grazer Schule* Furore und überzieht Stadt und Land mit ideenreichen, in Form und Materialverwendung unkonventionellen Gebäuden. 1960, mit Gründung des Forums Stadtpark (s. S. 33), begann der Aufbruch von Künstlern vieler Sparten in die Moderne. Vor allem die Literatur machte und macht von sich reden: *Peter Handke*, zeitweilig in Graz ansässig, der vor allem als Dramatiker bekannte *Wolfgang Bauer* („Magic Afternoon"), *Alfred Kolleritsch*, Gründer der Zeitschrift „manuskripte" (s. S. 33), und *Werner Schwab*, 1994 jung verstorbener Autor der sog. „Fäkaliendramen" („Volksvernichtung oder Meine Leber ist sinnlos"). Bekannt sind außerdem *Reinhard P. Gruber* („Aus dem Leben Hödlmosers", „Vom Dach der Welt"), *Gerhard Roth* („Winterreise", „Der stille Ozean", „Grenzland", „Der See") und die in Altaussee geborene *Barbara Frischmuth* („Die Klosterschule", „Die Mystifikationen der Sophie Silber").

Manche steirischen Maler arbeiten im „Wiener Ausland", so die Künstler der Gruppe „Wirklichkeiten": *Wolfgang Herzig, Franz Ringel, Peter Pongratz, Robert Zeppel-Sperl.* Das Avantgarde-Festival „steirischer herbst" mit dem integrierten Musikprotokoll stimuliert die Kulturszene von Graz – und seine Besucher.

Stuckiertes Hacklhaus in Leoben

Peter Rosegger, um 1878

Feste und Veranstaltungen

Januar: Glöcklerlauf in Gröbming, Stainach und Wildalpen (5. 1.).

Februar: Fasching in Bad Aussee (Rosenmontag, Faschingsdienstag).

Mai/Juni: Eine Woche Narzissenfest im Ausseer Land. – Ramsauer Frühlingsfest mit Pferdeumzug, Mountainbike-Rennen, Musik u. a. (zweites Juniwochenende, Do–So).

Juni/Juli: styriarte in Graz (Festival klassischer Musik, drei Wochen Ende Juni bis Mitte Juli).

Juli: Ausseer Musikfestwochen (Anf. Juli). – Ausseer Kultursommer (Ausstellungen, Lesungen mit Klaus Maria Brandauer, Aufführungen u. a. im Salzberg, Mitte–Ende Juli). – Historische Pferdewanderung von Schöder zum Sölkpass (vorletzter oder letzter So).

Juli/August: Admonter Musiksommer (jeden So Kammer- und Solistenkonzerte im Stift, in Frauenberg und Röthelstein).

August: Samson-Umzug in Krakaudorf (erster So). – Samson-Stadtfest in Murau (15. 8.). – Pferdemarkt in Schöder (letzter So).

August/September: Judenburger Sommer (drei bis vier Wochen Proben und Konzerte renommierter Künstler). – Internationale Woche der Alten Musik in Krieglach (Anf. Sept.).

Oktober: „steirischer herbst" (Festival für Experimentelles; Literatur, Theater, Musik, bildende Kunst).

Dezember: Nikolospiel in Bad Mitterndorf mit geschnitzten Masken (5. 12.).

Von Grammeln und Gröstеln

Guten Appetit ...

Fisolen heißen die grünen Bohnen, *Karfiol* der Blumenkohl, *Paradeiser* die Tomaten und die Kartoffeln *Erdäpfel* – ja wie soll man denn ohne Spezialwörterbuch durch die Speisekarte finden? Und dann erst die Ratlosigkeit, wenn es um steirische Gerichte geht: *Türkensterz* und *Heidenknödel, Bluttommerl* und *Blunzengröstel* – das klingt eher nach historischer Kriegsberichterstattung als nach Gaumenfreuden. Tatsächlich hat Österreich den Türken manche Genüsse zu verdanken, so verschiedene Gewürze und den Kaffee. Der Mais allerdings fand im 17. Jh. aus Amerika ins Land, wohl über das Osmanische Reich, weshalb man ihn *Türken, Kukuruz* (von Kuruzzen) oder auch *Woaz* nennt und die Polenta aus Maisgrieß *Türkensterz. Heiden* bezeichnet den Buchweizen. Der *Sterz,* eingekochtes, dann aufgelockertes Mehl, war jahrhundertelang das tägliche Brot der Landbevölkerung. Heute serviert man den Sterz eher als Beilage, aber auch als leckeres Hauptgericht, z. B. mit einer Schwammerlsuppe. Zwei Spezialitäten sind noch nicht lange bekannt: das *Styria-Beef,* Fleisch vom zehn Monate alten Rind, und das feine Fleisch vom sechs Monate alten, von Almkräutern ernährten *Styria-Lamm.* Zart und saftig ist auch das panierte *Backhendl.* Schweinsfüße kochen in der *Klachlsuppe* mit, und Schweinefleisch ergibt das saftige, in Wurzelgemüsesud gegarte und mit Kren (Meerrettich) servierte *Wurzelfleisch.* Vom Borstentier wird so gut wie alles verarbeitet, so das Blut zu *Blunzen* (Blutwurst) oder als Teigzutat für die ofengebackenen *Bluttommerln.* Da man heute leichter und gesünder kocht, werden *Grammeln* (Grieben) und Schweineschmalz seltener verwendet. Dabei schmecken die *Grammelknödel* und mit heißem Grammelfett übergossener Krautsalat sündhaft gut ...

Deftige Kost sind auch das *Verhackert* (luftgetrockneter, leicht geselchter und gemahlener Rohspeck) und das *Kübelfleisch* (roher, im Kübel mit Verhackert eingelegter Schinken). Mit diversen Würsten bilden sie das feste Repertoire der *Brettljause,* der Grundlage für eine ausgiebige Weinprobe in einer Buschenschank. Dort schenkt der Weinbauer den eigenen Wein aus. Dazu darf er kalte Speisen anbieten, zu denen meist auch eine Käseplatte gehört. Für diese liefert die Steiermark reichlich Produkte, allen voran den *Steirerkas,* einen Sauermilchkäse. Jüngste Kreation der Gröbminger Molkerei ist der *Trautenfelser Edelschimmelkäse* aus Schafsmilch. Aus Voitsberg kommt der *Dachsteiner* getaufte Tilsiter und in der Oststeiermark der *Selchkas* noch aus häuslichen Räucherstuben.

Auch Salate stehen auf der Speisekarte, vielerorts angemacht mit *Kürbiskernöl* aus Eigenbau. Das Kernöl ist von dunkelgrüner Farbe und hat ein nussiges Aroma (s. S. 91).

... und Prost!

Biertrinker werden die Tropfen renommierter Brauereien wie Gösser, Reininghaus, Puntigamer und Murauer schätzen lernen. Und für Säfte (und Schnäpse) schöpft die Steiermark aus ihrem reich gefüllten Obstkorb.

Der Weg zum Glück

Süchtig und dabei restlos glücklich werden kann man im Weinland mit ganz schlichten Gaben der Natur: mit einem Glas Sturm (Federweißer) oder Wein und gerösteten Maroni; die Edelkastanie gedeiht in den Wäldern südlich von Graz.

Urlaub aktiv

Ballon und Gleitschirm

Vor allem über dem sanfthügeligen Stubenberger Land mit Schloss Schielleiten schwebt bei günstiger Witterung eine Armada bunter Heißluftballons. Wer mitfahren will, wendet sich an: Luftfahrtsportclub Ballonwirt Peterhof am Stubenbergsee, ☎ (0 31 76) 88 01-33, Fax 88 01-22. – Fremdenverkehrsverband, ☎ (0 31 76) 88 82, Fax 82 11. – Ballonfahrerclub der Aktiv Sport Agentur, Heinrichstr. 7, 8010 Graz, ☎ (0) 66 43 07 45 92

Der Loser am Altausseer See bietet Drachen- und Gleitschirmfliegern eine Absprungschanze und einen traumhaften Überblick über das steirische Salzkammergut. Auch im Ennstal können Sie von Aussichtsbergen wie dem Stoderzinken bei Gröbming abheben. Und für gänzlich Unerfahrene gibt es Anfängerhügel.

Auskünfte erhalten Sie bei: Tourismusverband Ausseer Land, 8990 Bad Aussee, ☎ (0 36 22) 5 40 40, Fax 5 40 40-7. – Flugschule Aufwind, 8972 Ramsau am Dachstein 52, ☎ (0 36 87) 8 18 80, Fax 8 13 46. – Sky Club Austria, Moosheim 113, 8962 Gröbming, ☎ (0 36 85) 2 23 33, Fax 2 36 10.

Wandern und Bergsteigen

Die Steiermark besteht zum Großteil aus Bergen, in die es nicht nur Urlauber, sondern an Sonn- und Feiertagen auch die Steirer zieht. Selbst wenn Sie nur leichte Spaziergänge in den Bergen unter-

Typische Brettljause in einer Buschenschank

Geschenk der Götter

Dem Himmel so nah: Gleitschirmflieger im Stubenberger Land

nehmen: Verzichten Sie nicht auf festes Schuhwerk mit Profilsohle und Regenschutz. Bei anspruchsvolleren Touren und wenig Erfahrung sollte man sich einem Bergführer anvertrauen.

Ein Sonderprospekt, zu beziehen über die Österreich-Werbung (s. S. 93), stellt die Berglandschaft der Steiermark vor. In jeder Region werden geführte Touren angeboten, von kräuterkundlichen Wanderungen und Mondscheinspaziergängen durch die Weinberge (diese sind meist kostenlos) bis zur einwöchigen Tour mit Übernachtung und Halbpension in Hütten (ca. 7000 öS) und Kletterkursen für Profis und Kinder.

i Auskünfte bei den lokalen Fremdenverkehrsämtern, im hohen Bergland bei folgenden Tourismusregionalverbänden: Dachstein-Tauern, 8970 Schladming, ☏ (0 36 87) 2 33 10, FAX 2 32 32. – Heimat am Grimming, 8952 Irdning, ☏ (0 36 82) 2 32 43, FAX 2 32 43-8. – Salzkammergut, 8990 Bad Aussee, ☏ (0 36 22) 5 48 73, FAX 5 48 90. – Mariazeller Land – Hochschwab, Postfach 68, 8630 Mariazell, ☏ und FAX (0 38 82) 47 00.

Radtouren

Wer den *Mur-Radweg* abstrampelt, lernt weite Teile der Steiermark kennen. Trainierte können nahe dem Ursprung des Flusses bei der Sticklerhütte auf 1741 m starten, Ungeübtere bei Muhr auf 1021 m. Von dort führt die 340 km lange Route vorwiegend auf Radwegen und verkehrsarmen Straßen bis Bad Radkersburg an der slowenischen Grenze. Die Tour ist leicht, doch wegen der vielen Sehenswürdigkeiten am Weg mit einer Woche zu veranschlagen. Einem Fluss folgt auch der 47 km lange, kaum Steigungen aufweisende *Mürztal-Radweg*. Die oststeirische Thermenregion ist für Radler flächendeckend erschlossen: 3000 km ausgeschilderte Wege ermöglichen Touren mit kurzen, aber extremen Steigungen ebenso wie bequeme Partien. Einige Radwirte und -hotels, die sich speziell auf die Wünsche und Bedürfnisse der Pedalritter eingestellt haben, bieten Kost und Logis.

Schwieriges Gelände mit 9–15 % Steigung finden zähe Mountainbiker vor allem in den drei Ennstal-Regionen Schladming (5 Radhotels), Ramsau und

Junge Bäder auf altem Gestein

Auch wenn ihr Kernöl wie Maschinenöl aussieht und eine vitale Energiequelle ist: einen Ausweg aus der Ölkrise der 70er Jahre eröffnete es den Steirern nicht. Also bohrten sie in der Oststeiermark nach Erdöl. Und wurden fündig. Was da sprudelte, war zwar Mineralwasser, aber von einer Menge und Qualität, die Umsatz versprach. Die Bohrungen kurbelten die Wirtschaft an. Neue Heilbäder, Radkersburg, Waltersdorf und Loipersdorf bei Fürstenfeld, locken seither Kur- und Erholungsurlauber ins Steirische Thermenland. Jüngste im Bunde ist die 1997 eröffnete, von Friedensreich Hundertwasser gestaltete Therme in Blumau.

Die Bäder bieten Thermen und Hotels von modernstem Komfort, Gesundheits-, Sport- und Freizeitprogramme von unüberblickbarer Vielfalt.

Bad Waltersdorf setzt auf Relaxen, Loipersdorf mit Wellen und Wasserfällen, Riesenrutschen und -sandkisten auf Action. Kids können sich auf dem großen Spielplatz, Eltern auf dem 18-Loch-Golfplatz verausgaben. Danach folgt für Letztere im Dampfbad „Steirische Schwitzlandschaft" die Entspannung.

Auskünfte bei Steirisches Thermenland, Rathaus, 8350 Fehring, ☏ (0 31 55) 42 04-0, FAX 42 04-5.

Gröbming. Murau und Umgebung besitzen 300 km Mountainbike-Wege. Sonderprospekte geben die örtlichen Fremdenverkehrsämter und die Österreich-Werbung (s. S. 93) heraus.

Golf

Ob man im GC Murhof (18 Loch) Äpfel von den Bäumen schießt oder sich auf dem GC Piberstein bei Maria Lankowitz vom Caddy-train zum Abschlagen fahren lässt – jeder der 16 steirischen Golfplätze hat seinen eigenen Reiz. Die Greens der Südost-Steiermark locken im Verbund mit zwei burgenländischen und einem grenznahen ungarischen Golfplatz unter dem Motto „Golf im Thermenland" mit den Vorzügen des Heilwassers und milden Klimas. In Loipersdorf fliegt der Ball zwischen der Steiermark und dem Burgenland hin und her. Alle Anlagen offerieren Anfängerkurse. Am günstigsten kommen Arrangements mit Hotels.

Die Steiermark besitzt viele Gesundheitsbrunnen

i Auskünfte erteilt Golf im Thermenland, Interessensgemeinschaft, Informstr. 1, 7400 Oberwart, ☎ (0 33 52) 3 44 66-0, FAX 3 44 66-20, sowie die Österreich-Werbung (s. S. 93).

Wassersport

Wer sich rekeln im Thermalwasser von Bad Waltersdorf, Loipersdorf, Bad Radkersburg oder Bad Gleichenberg nicht als Wassersport begreift, ist auf wenige, relativ kleine Seen angewiesen. Der Grundlsee bietet eine Surf- und Segelschule, der Erlaufsee bei Mariazell ein Tauchzentrum. Den kleinen Puttersee erwärmen unterirdische Quellen.

Zum Einstieg in den Wildwassersport eignet sich das Rafting: eine kurze Einweisung in das Paddeln und Schwimmen in der Gischt – und schon geht's los (Schnuppertour ab ca. 300 öS). Er-

Im Gelände unterwegs

fahrung verlangt hingegen das Kanufahren im Wildwasser und viel Kondition das Canyoning, bei dem man kletternd und schwimmend Schluchten bezwingt. Diese Abenteuer werden vornehmlich auf Enns, Salza und Mur organisiert. Am zahmsten – bis auf ihre Stromschnellen im Gesäuse – ist die Enns, die Salza dagegen ungebändigte Natur pur.

Über die Anbieter in Wildalpen informiert das Fremdenverkehrsamt (s. S. 70). Touren auf Enns und Salza veranstaltet BAC (8965 Pruggern 96, ☎ 0 36 85/2 22 45, ℻ 2 43 33) und Rosenberger (Simonystr. 21, 4030 Linz, ☎ 07 32/30 05 07, ℻ 31 55 50), auf der Mur u. a. der Gasthof Murtalerhof (8862 Stadl/Mur, ☎ 0 35 34/22 37, ℻ 22 37-44).

Wintersport

Alpine und nordische Skiläufer und Snowboarder finden das größte Paradies in der Dachstein-Tauern-Region vor. Dort liegen die – nicht zuletzt durch FIS- und WM-Rennen bekannten – Ennstaler Wintersportorte Schladming und Rohrmoos mit der Rennstrecke auf der Planai (bis 1849 m), unweit davon bieten Hochwurzen (bis 1850 m), Hauser Kaibling (bis 2015 m) und Galsterbergalm (bis 1976 m) weniger überlaufene Alternativen. Die Ramsau an den Südhängen des Dachsteins ist vor allem ein Langlauf-Dorado und durch den Dachsteingletscher ein Ganzjahres-Skigebiet.

Auch Muraus Umland weist abwechslungsreiche Langlaufloipen auf, u. a. im Naturpark Grebenzen und in der Krakau, sowie die Familienskigelände am mit Half-pipe und Obstacle course auch für Snowboarder attraktiven Kreischberg, auf der Turracher Höhe, der Frauenalpe und im Lachtal. Weiteres Skivergnügen bietet sich rund um den Grimming: auf den Loipen bei Bad Mitterndorf, der familiengerechten Tauplitzalm und der Planneralm in den Donnersbacher Alpen.

Unterkunft

In den meisten Orten der Steiermark stehen Unterkünfte verschiedener Kategorien zur Wahl – bis hin zum noblen Schlosshotel, das in einer winzigen, reizvoll gelegenen Ortschaft überraschen kann.

Das Preisniveau liegt etwa 15 % unter dem österreichischen Durchschnitt. Wer einen Familienurlaub plant, kann über die Österreich-Werbung (s. S. 93) ein Verzeichnis besonders kinderfreundlicher Hotels und Pensionen beziehen. Natürlich hält die Organisation auch Broschüren und Verzeichnisse für spezielle Urlaubsorte und -formen bereit.

Urlaub auf dem Bauernhof

In der grünen Steiermark ist naturnaher Urlaub auf dem Bauernhof besonders erholsam, v. a. mit Kindern. Verzeichnisse und Auskünfte (auch über Reiterhöfe, Wein-, Biobauernhöfe, Gesundheitsurlaub etc.) erhält man beim Landesverband „Urlaub am Bauernhof“, Hamerlinggasse 3, 8011 Graz, ☎ (03 16) 80 50-2 91, ℻ 80 50-2 90.

Hütten

Für Bergtouren mit Übernachtung empfiehlt es sich, Hüttenunterkünfte zu reservieren. Mit Verzeichnissen der Hütten dient die Österreich-Werbung (s. S. 93).

Camping

Die Steiermark besitzt rund 30 gute Campingplätze. Sie sind hauptsächlich in den Regionen Ennstal, oberes Murtal, West-, Ost- und Südsteiermark sowie im Grazer Umland eingerichtet. Die Österreich-Werbung und die Steiermark Tourismus GmbH (s. S.93) stellen kostenlos ausführliche Verzeichnisse zur Verfügung.

Reisewege und Verkehrsmittel

Auto: In Österreich gelten im Prinzip dieselben Verkehrsregeln wie in Deutschland. Es besteht Gurtanlegepflicht. Für Freunde geistiger steirischer Getränke: Die Promillegrenze liegt bei 0,5. Die *Höchstgeschwindigkeit* beträgt 130 km/h auf der Autobahn (von 22–5 Uhr 110 km/h außer auf der A 1), 100 km/h auf Landstraßen, 50 km/h im Ortsbereich, sofern nicht anders angegeben.

Tipp Die Benutzung der österreichischen Autobahnen ist *mautpflichtig:* Vignetten gibt es als Jahres-, Zweimonats- oder 10-Tage-Vignette beim ADAC und an grenznahen Tankstellen und Autoraststätten. Strecken wie der Gleinalmtunnel, die seit jeher gebührenpflichtig sind, kommen mit Vignette 15 % billiger. Denken Sie im Winter an Schneeketten! Über den Straßenzustand informiert der Verkehrsfunk (Ö 3) stündlich sowie die telefonische Tonbanddurchsage ☎ 15 83.

Pannenhilfen: ÖAMTC ☎ 1 20; ARBÖ ☎ 1 23.

Nicht alle Regionen der Steiermark sind mit der **Bahn** zu erreichen. Dafür ist das **Busnetz** sehr dicht. Man sollte sich schon vor Reiseantritt nach den attraktiven Sondertarifen der Österreichischen Bundesbahnen (ÖBB) erkundigen: ÖBB, Elisabethstr. 9, 1010 Wien, ☎ (01) 58 00; Österreich-Werbung (s. S. 93). Fahrplanauskünfte: Bahn unter ☎ (03 16) 17 00, Busse unter ☎ 06 60-80 20. Zugauskunft in allen Bundesländern unter ☎ 17 17.

Der Verkehrsverbund der Mittelsteiermark mit dem Zentrum Graz bietet günstige Tages-, Wochen- und Zonenkarten; Info unter ☎ 06 60-60 22.

Mit Fischereikarte ist auch Angeln in steirischen Gewässern erlaubt

Ski und Rodel gut

** Graz

Eine Perle in der Schale

Wie kommt's, dass Graz, mit 238 000 Einwohnern Österreichs zweitgrößte Stadt, immer noch als Geheimtip gehandelt wird? Die Randlage im Südosten mag erklären, weshalb weder große Verkehrs- noch Touristenströme die Stadt an der Mur durchziehen. Gerade dies hat Graz vor manchen negativen Einflüssen verschont und ihm seinen ureigenen Charakter bewahrt. Die gut erhaltene Altstadt um Schlossberg und Uhrturm verströmt südländisches Flair. 65 % der Landeshauptstadt sind Grünfläche. Und in einer halben Stunde ist man in der südlichen Weinregion oder in den Bergen.

Geschichte

Die Slawen erkennen als Erste den strategischen Wert des Dolomitfelsens an der Mur. Sie bauen im 10. Jh. zum Schutz der Furt eine kleine Burg, slawisch *gradec*. Die Traungauer Landesfürsten fördern Graz, bis sich das Handelszentrum Stadt nennen darf. 1282 wird Graz habsburgisch. Von hier aus regiert Herzog Ernst der Eiserne, ebenso sein Sohn Erzherzog Friedrich V. Mit dessen Krönung 1452 zum Kaiser Friedrich III. steigt Graz sogar zur Reichshauptstadt auf. Aber Friedrich wie später Maximilian benötigen im Kampf gegen Ungarn, Türken und um das burgundische Erbe die Unterstützung ihrer Untertanen. Dadurch erstarkt der Ständische Landtag aus Vertretern von Klerus, Adel und Bürgertum.

Die Erbteilung von 1564 verschafft Graz abermals Residenzstatus. Erzherzog Karl II., Regent der Innerösterreichischen Erblande, zieht 1571 ein, hält brillant Hof und baut Graz weiter aus. 1572 ruft er zur Unterstützung der Gegenreformation die Jesuiten herbei, die die Jesuitenuniversität bauen. Karls Sohn Ferdinand fordert erfolgreich die Kaiserwürde für sich. Nach seiner Inthronisierung 1619 verlegt er den Hof nach Wien, ein Dämpfer für Graz. Doch die wohlhabende Oberschicht befriedigt unverdrossen ihren Repräsentationstrieb. Davon zeugen barocke Stadtpaläste und Schloss Eggenberg.

Unter Joseph II. wächst Graz schlagartig und gemeindet Vororte wie Murvorstadt und St. Leonhard ein. Die Franzosen finden 1797 eine offene, sich nicht wehrende Stadt vor, als die Koalitionskriege sie durch die Steiermark führen. Erst 1809 kommt es zu schweren Kämpfen um die Festung am Schlossberg, die ihre Verteidiger jedoch halten – weshalb Napoleon im Friedensschluss zu Schönbrunn 1809 die Schleifung der standhaften Feste verlangt. Um die Stadt vor Schäden durch herumfliegende gesprengte Trümmer zu schützen, erkaufen ihre Bürger das Recht, die Festung selbst abzutragen; gegen klingende Münze dürfen sie auch ihre Wahrzeichen, den Glocken- und den Uhrturm, behalten.

Erzherzog Johann erwächst zum Förderer von Bildung und Wirtschaft, ein Segen für Graz und die Steiermark (s. S. 14). Er begründet als didaktische Sammlung, Lehr- und Forschungsanstalt 1811 das Joanneum, aus dem das Landesmuseum Joanneum und die Forschungs- und Entwicklungsgesellschaft

AEIOU

Über dem Westportal des Doms steht Friedrichs V. viel gedeutete, aber nach wie vor rätselhafte Devise „AEIOU". Die populärste Auslegung, „Alles Erdreich ist Österreich untertan" (Austriae est imperare orbi universo), bedeutet einen umfassenden Herrschaftsanspruch des Habsburgers.

Joanneum Research hervorgegangen sind. Dank dem volksnahen Habsburger versinkt die Stadt nicht in biedermeierlicher Geruhsamkeit.

Musiker am Hauptplatz

Heute wirkt Graz gemütlich und jung zugleich – nicht nur wegen der vielen Studenten seiner beiden Universitäten und der Hochschule für Musik und darstellende Kunst. „Grazer Schule" steht als international bekannter Begriff für moderne Architektur, das „Forum Stadtpark" für zeitgenössische Literatur und das Festival „steirischer herbst" für alle Sparten der Kunst.

Weg 1

Zwei Wege bieten sich durch Graz an: Der erste zeigt das alten Zentrum und den Schlossberg, der zweite die auf Erzherzog Johann zurückgehenden Museen und die unmittelbare Peripherie der Altstadt.

Stilles Idyll: Innenhof in der Altstadt von Graz

Am Hauptplatz

Mitten auf dem **Hauptplatz** ❶ verfolgt Erzherzog Johann seit 1878 als bronzenes Brunnendenkmal das Treiben. Auf den Stufen zu seinen Füßen rasten ermattete Stadtwanderer, verabreden sich Schüler. Bis ins 19. Jh. fand hier ein großer Wochenmarkt statt. Wohl deswegen besaßen viele mittelalterliche Häuser im Erdgeschoss Lauben für Geschäfte, wie man sie Ecke Sporgasse am **Luegg** und seinem Nebengebäude sieht. Das Luegg erhielt die schönste Stuckfassade bei der Altbausanierung, die man im 17. Jh. vornahm. Manchen Gebäuden gab die Biedermeierzeit ein neues Gesicht. Mittelalterlich wirkt der Platz durch die unregelmäßig breiten, vor- und zurückspringenden, von Gässchen zerschnittenen Häuserfronten aber weiterhin.

Jede Fassade ein Blickfang: Café in der Sackstraße

Am Schlossberg

Der ältere Markt erstreckte sich im 12. Jh. im südlichen Abschnitt der *Sackstraße*, die vom Hauptplatz nach

Norden führt. In dieser 1-A-Lage schlugen die großen steirischen Stifte ihr Stadtdomizil auf, erbauten später hohe Herrschaften ihre Stadtpaläste.

Das leibliche Wohl kam nie zu kurz: Das **Hotel Erzherzog Johann** (Nr. 3–5) ist seit dem 18. Jh. ein Gasthof, der **Krebsenkeller** (Nr. 12) und sein stimmungsvoller Arkadenhof schon seit 1538 Treff von Zechern.

Der **Paradeishof** ❷, Anfang des 15. Jhs. als Spital entstanden, beherbergte später die Schule der Landstände. Danach wurde er für das von Maria von Bayern gegründete Klarissinnenkloster – vom Kreuzgang stehen noch die Erdgeschossarkaden – und 1911/12 schließlich vom Architektenduo Hermann Helmer und Ferdinand Fellner für Kaufhauszwecke umgebaut. Zwei Häuser weiter schließt an das spätbarocke *Kleine Palais Attems* (Nr. 15) das **Palais Attems** ❸ (Nr. 17) an, der prunkvollste Barockpalast von Graz. Wandmalereien (1702–1710) von Franz Carl Remp hofieren die Familie Attems.

Das **Palais Herberstein** (Nr. 16) aus dem Jahr 1602 schräg gegenüber wurde Mitte des 18. Jhs. umgestaltet. Die Prunkstiege, verziert mit Putten als Laternenträgern, führt hinauf in die Nobeletage. Dort präsentiert die **Neue Galerie** ❹ in reizvollem Kontrast zu den Rokoko-Stuckdecken in Wechselausstellungen österreichische Kunst des 19. und 20. Jhs. (🕓 Di–So 10–18, Do 10–20 Uhr, während des Umbaus sind nur Treppenhausgalerie und Studio geöffnet). Im **Palais Khuenburg** (Nr. 18) aus dem 16. Jh. wurde 1863 der Thronfolger Franz Ferdinand geboren. Heute entdecken Sie darin das **Stadtmuseum** ❺ (🕓 Di 10–21, Mi–Sa 10–18, So 10–13 Uhr).

Der *Reinerhof* (Nr. 20), das älteste erhaltene Gebäude der Stadt, entstand 1346 für das Stift Rein als Stadtdependance. Er rahmt mit der Alten Post von 1690 den so genannten Kriegssteig auf den ***Schlossberg** (473 m). Wer den Aufstieg über die malerische Treppe scheut, kann zur Schlossbergbahn (250 m weiter am Kaiser-Franz-Josef-Kai) spazieren. Der Schlossberg wurde 1839–1842 zum Park umgestaltet. Das oberste Plateau eröffnet einen herrlichen Rundblick über Graz. An klaren Tagen sieht man im Osten bis Maria Trost, im Westen bis zur Koralpe, im Norden bis zur Gleinalm, im Süden bis zu den Wildoner und Sausaler Bergen.

Der Abstieg Richtung Glockenturm führt an der efeubehangenen Ruine der **Kasematten** ❻ vorbei, im Sommer romantisch-unheimliche Kulisse für Freilichtaufführungen. Die Kasematten dienten zeitweise als Gefängnis. Meist aber saßen Knastbrüder und -schwestern im fensterlosen Felsenverlies des im Volksmund „Lisl" genannten **Glockenturms** ❼ (1588) ein. Im Turm hängt immer noch, 4200 kg schwer, die alte Glocke. Auf der Bürgerbastei steht das Wahrzeichen der Stadt, der **Uhrturm** ❽ (1560). Seine Glocke hat als Armesünder-, Feuer- und Lumpenglocke (Signal für die Sperrstunde) ausgedient, nicht aber die weithin sichtbare Uhr. Achtung: Der kleine Zeiger gibt die Minuten, der große die Stunden an.

Am Freiheitsplatz

Die Schläge der Waffenschmiede und Sporenmacher hallten einst durch die schmale *Sporgasse*. Heute klingeln hier die Kassen von Boutiquen, Konditoreien und anderen Geschäften. Wenn Sie das 1564–1566 erbaute **Palais Saurau-Goeß** ❾ (Nr. 25) näher betrachten, werden Sie den Türken entdecken, der mit erhobenem Säbel und Schild aus einer Luke unterhalb des Dachvorsprungs schaut. An der Ecke zur Hofgasse steht das ehemalige **Haus des Deutschen Ritterordens** ❿ (Nr. 22). Schauen Sie in seinen Hof mit den Arkaden aus Spätgotik und Frührenaissance hinein.

Die Hofgasse öffnet sich zum *Freiheitsplatz*. Man legte ihn im Zuge des Wiederaufbaus des abgebrannten Theaters ab 1824 auf dem Gelände des Hofgartens an. Zur Finanzierung des **Schauspielhauses** ⓫ verkauften die Grazer Stände Kanonen aus Zeughausbeständen – ein fürwahr löbliches Beispiel engagierter Kulturpolitik.

Die ***Burg** ⓬ ist Sitz von Ämtern der Landesregierung, und das sieht man ihr an: Der Abriss von Gebäuden 1853/54 und 1950–1952 hinzugekommene Bauten haben ihr den Verwaltungsstempel aufgedrückt. Herzog Friedrich V., der spätere Kaiser Friedrich III., gab 1438 das Startzeichen zum Bau der Burg. Friedrichs Sohn, Kaiser Maximilian I., hielt sich zwar selten in Graz auf, ließ aber 1499/1500 einen Trakt hinzufügen. Von diesem hat sich die spätgotische **Doppelwendeltreppe* erhalten.

Ein Bogen verband einst die Burg mit der St.-Ägydius-Kirche. 1438 unter Friedrich III. an die Stelle einer Vorgängerin gesetzt, wurde sie 1786 zum ***Dom** ⓭ erhoben. Bis auf das Westportal mit Friedrichs Devise „AEIOU“ (s. S. 24) ist die Außenfassade der spätgotischen Staffelkirche schlicht. Von ihrer womöglich einst großflächigeren Bemalung zeugt nur noch das *Landplagenbild* (1480) an der Südfassade. Allerdings hat der Zahn der Zeit böse daran genagt. Man erkennt kaum mehr die drei Gottesplagen: links die Heu-

Der Grazer Uhrturm

Treffpunkt: der Krebsenkeller

Der Türke in der Sporgasse

Der türkische Feldherr Ibrahim Pascha konnte warten. Irgendwann würden die Belagerten auf dem Schlossberg aufgeben. Er war im schönen Palais Saurau am Fuße der befestigten Felsen komfortabel untergebracht und ließ sich das köstliche Essen munden. Da beförderte ein wohl gezielter Kanonenschuss seinen Mittagsbraten aus dem Fenster. Ibrahim Pascha war erbost, das war denn doch zu viel. Er zog die Truppen ab und verschwand. – So oder ähnlich werden Ihnen die Grazer den Hintergrund der Türkenfigur am Palais Saurau-Goeß erläutern und hinzufügen, dass dies natürlich eine Geschichte sei. Sie wäre auch zu schön, um wahr zu sein. Und Historiker erzählen sowieso etwas ganz anderes: Die Türken haben den Schlossberg 1532 nicht belagert, sondern zogen das Umland verwüstend durch die Murvorstadt. Die Wahrheit: Die lebensgroße Halbfigur aus Eichenholz dürfte als Stechfigur für Turniere gedient haben, ist folglich eine Art früher Crashdummy, der nach seiner Ausmusterung eine zweite Verwendung als Hauszeichen fand.

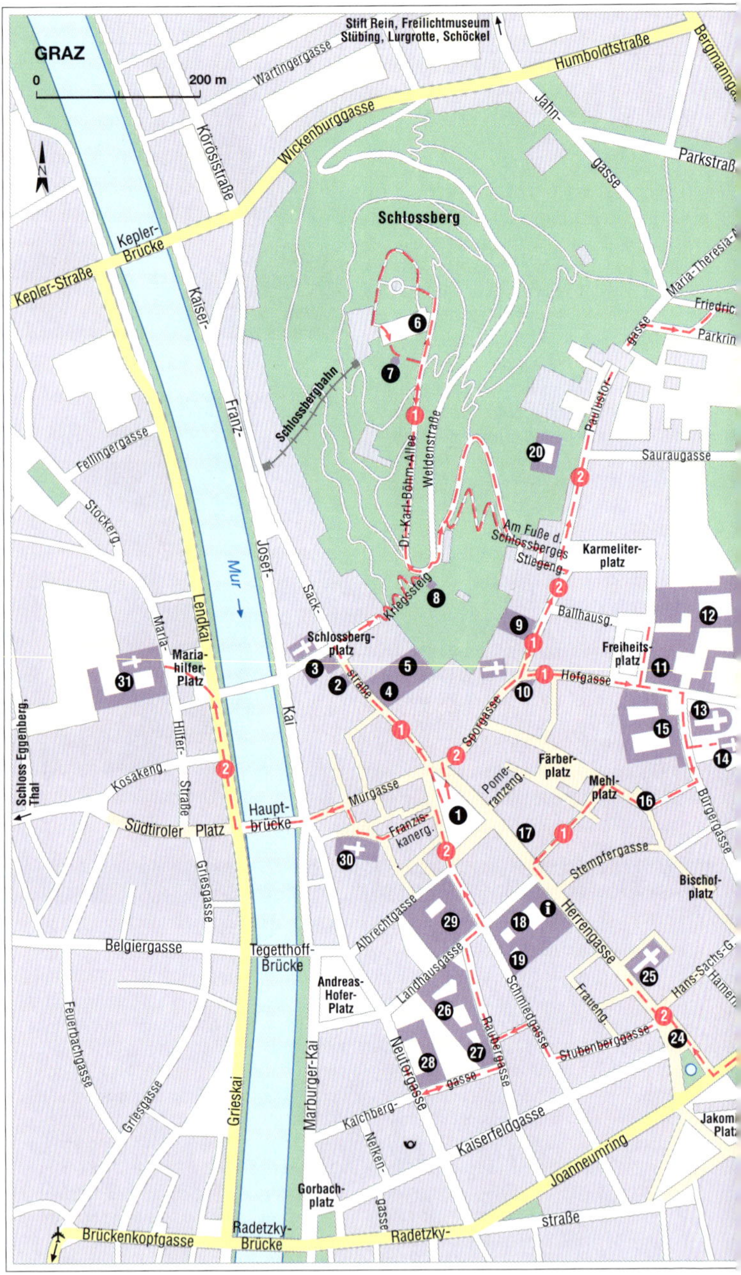
GRAZ
0
200 m
N
Stift Rein, Freilichtmuseum Stübing, Lurgrotte, Schöckel
Wartingergasse
Humboldtstraße
Bergmanngasse
Wickenburggasse
Körösistraße
Jahngasse
Parkstraße
Schlossberg
Kepler-Brücke
Kepler-Straße
Kaiser-Franz-Josef-Kai
Maria-Theresia-Allee
Friedrichgasse
Parkring
Schlossbergbahn
Dr.-Karl-Böhm-Allee
Weidenstraße
Paulustor-gasse
Sauraugasse
Fellingergasse
Stockerg.
Am Fuße d. Schlossberges
Stiegeng.
Karmeliterplatz
Mur
Kriegssteig
Sack-straße
Ballhausg.
Schlossbergplatz
Mariahilfer-Platz
Mariahilferstraße
Lendkai
Freiheitsplatz
Hofgasse
Sporgasse
Schloss Eggenberg, Thal
Pomeranzeng.
Färberplatz
Mehlplatz
Kosakeng.
Murgasse
Südtiroler Platz
Hauptbrücke
Franziskanerg.
Stempfergasse
Bürgergasse
Bischofplatz
Griesgasse
Albrechtgasse
Herrengasse
Belgiergasse
Tegetthoff-Brücke
Landhausgasse
Schmiedgasse
Hans-Sachs-G.
Hamerlinggasse
Andreas-Hofer-Platz
Frauengasse
Feuerbachgasse
Neutorgasse
Raubergasse
Stubenberggasse
Griesgasse
Grieskai
Marburger-Kai
Kalchberggasse
Nelkengasse
Kaiserfeldgasse
Jakominiplatz
Joanneumring
Gorbachplatz
Radetzky-Brücke
Brückenkopfgasse
Radetzkystraße
1 2 3 4 5 6 7 8 9 10 11 12 13 14 15 16 17 18 19 20 24 25 26 27 28 29 30 31

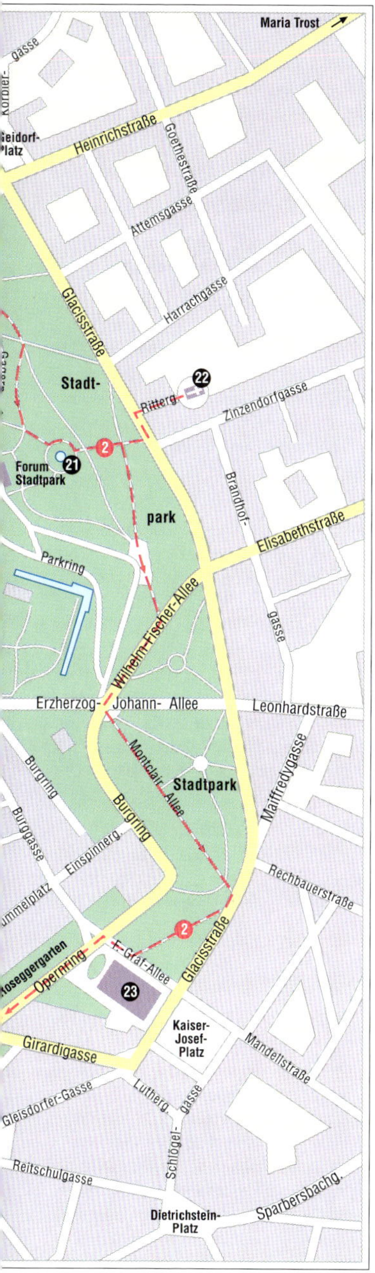

Der Türke am Palais Saurau-Goeß

1 Hauptplatz
2 Paradeishof
3 Palais Attems
4 Neue Galerie
5 Stadtmuseum
6 Kasematten
7 Glockenturm
8 Uhrturm
9 Palais Saurau-Goeß
10 Haus des Deutschen Ritterordens
11 Schauspielhaus
12 Burg
13 Dom
14 Mausoleum
15 Jesuitenkollegium
16 Glockenspielplatz
17 Herzogshof
18 Landhaus
19 Landeszeughaus
20 Steirisches Volkskundemuseum
21 Stadtparkbrunnen
22 Leechkirche
23 Opernhaus
24 Am Eisernen Tor
25 Stadtpfarrkirche
26 Landesmuseum Joanneum
27 Landesbibliothek
28 Neutorgasse 45
29 Grazer Congreß
30 Franziskanerkirche
31 Mariahilfkirche

schrecken, in der Mitte die Türken vor Graz, rechts die Pest. Innen dominiert Barock, so am mächtigen Altar (1730–1733), der den schmalen Chor ausfüllt. Meisterwerke der italienischen Frührenaissance sind dagegen die beiden Reliquienschreine links und rechts des Chorbogens – und die Themen ihrer Einlege- und Schnitzarbeiten alles andere als sakral: Sie zeigen Szenen aus Petrarcas „Trionfi" (den „Triumph der Liebe" schuf vermutlich Andrea Mantegna). Die Herkunft der Schreine liefert die Erklärung: Sie wurden als Brauttruhen für Paola Gonzaga aus Mantua, die missgestaltete Tochter einer mächtigen Familie, angefertigt. Der Görzer Graf Leonhard VII. heiratete die 17jährige 1477 aus bloßer Geldgier. Paola starb unglücklich und kinderlos.

Neben dem Dom setzt das **Mausoleum** ⓮ Ferdinands II., eines von Österreichs wichtigsten Bauwerken des Manierismus und Frühbarock, mit seinen Kuppeln und dem Turm einen prägnanten Akzent im Stadtbild. Es wurde 1614 von Giovanni Pietro de Pomis begonnen. Johann Bernhard Fischer von Erlach entwarf 1687/88 die Stuckierung und 1695 den Hochaltar der Katharinenkirche. Über das rechte Seitenschiff gelangt man in die Grabkapelle. Der Dekor ihrer Kuppelzone würdigt Kaiser Ferdinand II. als Kämpfer für die Gegenreformation. Die unterhalb der Grabkapelle liegende Gruft, in der Ferdinand und weitere Habsburger ruhen, ist nur im Rahmen einer Stadtführung zu besichtigen.

Der Gebäudekomplex an der Hof- und Bürgergasse gegenüber von Dom und Mausoleum entstand für die Jesuiten, die Erzherzog Karl II. 1572 zur Unterstützung der Gegenreformation nach Graz rief. Und man wollte es den Lutherischen zeigen! Zunächst zog man das **Jesuitenkollegium** ⓯ hoch – in solch kühler Monumentalität, dass die einen den großen Innenhof als „einen der schönsten Österreichs", die anderen als „erste Kaserne der Welt" bezeichnen. Ganze 773 Fenster – mit 330 erhaltenen mundgeblasenen Scheiben – sind eingebaut. Nach dem Aufstieg des Kollegs zur Universität wurde nebenan die **Alte Universität** errichtet. Heute ist darin das Landesarchiv untergebracht.

Vom Mehlplatz zum Landeszeughaus

Die kurze Gasse Abraham a Santa Clara endet am **Glockenspielplatz** ⓰.

Im Sommer, wenn die Tische ins Freie gerückt werden, kommt südländisches Lebensgefühl auf. Abends verwandeln sich Mehlplatz, Prokopigasse und Färberplatz in das Grazer „Bermuda-Dreieck", so genannt, weil beim Zug von Lokal zu Lokal schon so mancher Zecher die Orientierung verloren hat.

Bummelt man vom Mehlplatz durch die Passage zur *Herrengasse*, kommt man beim ehemaligen **Herzogshof** ⓱ (Nr. 3) heraus. Seinen Beinamen „Gemaltes Haus" verdankt er den Fresken (1742), die seine Fassade ganz und gar mit Motiven der römischen Antike überziehen. Im Mittelalter hatte der Bewohner dieses Lehnshofs dem Herzog bei Aufenthalten in Graz den Thronsaal darin einzurichten. Steuerfreiheit war der Lohn dafür.

Mit dem ** **Landhaus** ⓲ setzten sich die steirischen Landstände ein Monument ihres Stolzes. Domenico dell'Allio schuf nach dem Vorbild lombardischer

Tägliche Attraktion

Das Glockenspiel (1905) an der späthistoristischen östlichen Häuserfront des Glockenspielplatzes setzt sich täglich um 11, 15 und 18 Uhr in Bewegung: Zu den alten Melodien seiner 24 Glocken dreht sich ein Pärchen in Steirertracht, der Mann mit erhobenem Weinbecher, als werbe er für die vielen Gaststätten in den umliegenden Häusern.

Paläste den Haupttrakt an der Herrengasse – einen der bedeutendsten Renaissancebauten nördlich der Alpen. Im herrlichen Arkadenhof kommt der italienische Charakter noch wirkungsvoller zur Geltung. Einen genaueren Blick lohnt die bronzene Brunnenlaube (1590) mit den Meerjungfrauen und auf Delphinen turnenden Putten. In der Landstube tagt bis heute der Landtag. Landstube, Kapelle, der Steinerne und der Rittersaal sind, wenn darin nicht gerade regiert oder repräsentiert wird, Programmpunkt einer Stadtführung. Das angeschlossene ** **Landeszeughaus** ⓳ richteten die Landstände 1641/42 als zentrales Waffendepot der Steiermark ein. Es hütete die Sammlung von rund 32 000 Waffen und Harnischen – und tut dies noch heute. Die Wärter wissen übrigens über Daten und Fakten bestens Bescheid. Und sie erzählen von den Prunkharnisch-Moden, Anlässen und Abläufen der Bewaffnung, als hätten sie's selbst erlebt.

Weg 2

Auch dieser Weg beginnt am **Hauptplatz** ❶ (s. S. 25).

Am Schlossberg entlang zum Stadtpark

Ab dem **Palais Saurau-Goeß** ❾ (s. S. 27) verändert sich die Bebauung, denn hier endete die erste Stadtmauer. Als Ende des 16. Jhs. der Befestigungsgürtel erweitert wurde, entstand die *Paulustorgasse*. Ihre historischen Gebäude sind bis auf das 1913 begründete **Steirische Volkskundemuseum** ⓴ (Nr. 13) von Behörden belegt. Der Rundgang durch das Museum, das Geräte, Kunsthandwerk, Trachten und Möbel nicht in Einzelstücken, sondern als Inventar von Epochenräumen präsentiert, gleicht einem Weg durch den bäuerlichen Jahreslauf vergangener Tage (🕓 unter ☎ 03 16/80 17-48 40 erfragen, da derzeit im Umbau). Obdach des Museums und der Verkaufsräume des Steirischen

In der Gruft des Mausoleums ruhen Kaiser Ferdinand II. und weitere Habsburger

Der Eingang zum Landeszeughaus. Mars und Minerva flankieren das Renaissanceportal.

Schwere Pracht: Im Landeszeughaus werden alte Rüstungen und Waffen gezeigt

Heimatwerks (s. S. 37) ist das ehemalige *Kapuzinerkloster.* Die frühbarocke Glaubensburg entstand 1600 – genau dort, wo Ferdinand II. 10 000 protestantische Bücher hatte verbrennen lassen. Der kaiserliche Eiferer der Gegenreformation finanzierte die Klostergründung. Das Hochaltarblatt von Giovanni Pietro de Pomis illustriert die Motivation des edlen Stifters: Ferdinand II., als Kämpfer für den Katholizismus in Rüstung geworfen, und der hl. Laurentius empfehlen Gott das Kloster und Graz.

Hinter dem Äußeren Paulustor führt der Weg rechts in den **Stadtpark.** Vorbei am *Forum Stadtpark* stößt man auf den *Stadtparkbrunnen* ㉑. Er wurde 1873 für die Wiener Weltausstellung gegossen; Graz erwarb das Hauptbecken, Paris die Seitenbecken für die Place de la Concorde.

Jenseits der Glacisstraße steht etwas erhöht das älteste erhaltene Gotteshaus der Stadt, die **Leechkirche** ㉒. Ihre Vorgängerin war 1233 als Geschenk an den Deutschen Ritterorden gegangen, der zum Schutz der Grenze herbeigerufen worden war. Da sie aber 1250 nicht einmal ihre eigene Kirche gegen die Ungarn verteidigen konnten, mussten die Kreuzritter das Präsent 1255–1293 durch einen frühgotischen Neubau ersetzen. Bei der Verblendung der Zweiturmfassade 1500 erhielt man zum Glück das Portal mit der lächelnden Muttergottes im Tympanon, einem seltenen Beleg des spätromanisch-frühgotischen Zackenstils. Glückliche Fügung des Schicksals, dass auch die Chorfenster ihre 1337 vollendeten 105 Glasgemälde behalten haben!

Im Süden endet der Bummel durch den Stadtpark beim **Opernhaus** ㉓. Dass die Architekten Hermann Helmer und Ferdinand Fellner sich durch den Bau etlicher Theater und Opernhäuser in Europa einen Namen gemacht hatten, räumte das Misstrauen der Grazer nicht aus: Schließlich kam das Duo aus Wien! Mit dem neubarocken Schmuckstück, das die beiden 1888/89 schufen, war man aber höchst zufrieden.

Hinter der Oper bietet der **Kaiser-Josef-Platz** bis 12 Uhr ein buntes Bild, wenn die Bauern des Grazer Umlands ihre Marktstände aufgebaut haben.

Zur Raubergasse

Der nahe Platz heißt **Am Eisernen Tor** ㉔, da hier im Wehrgürtel bis 1860 tatsächlich ein Eisentor stand. Von ihm läuft die Grazer Einkaufs- und Flaniermeile, die *Herrengasse,* auf den Hauptplatz zu. Die **Stadtpfarrkirche** ㉕ erhielt ihren heutigen Rang 1586. Auch hier musste der Barock natürlich alles verschwenderisch neugestalten. Die Verblendung der Fassade blieb, aber mit dem barocken Innendekor räumte die Regotisierung Ende des 19. Jhs. gründlich auf. Ein Schatz ist bewahrt: Jacopo Tintorettos Altarblatt mit der Himmelfahrt Marias, zu sehen in der Johannes-Nepomuk-Kapelle.

Durch die Stubenberggasse und den Durchgang in ihrer Verlängerung kommt man zur Raubergasse. 1811 erwarben die Landstände den *Stiftshof von St. Lambrecht* (Nr. 10), einen Bau (1665–1674) Domenico Sciassias, um darin die von Erzherzog Johann gestifteten Sammlungen unterzubringen. Schon bald reichten die Räume nicht mehr aus. Heute beherbergen sie nur die erd- und naturkundlichen Abteilungen des ***Landesmuseums Joanneum** ㉖ (🕓 Di–So 9–16 Uhr). Ende des 19. Jhs. wurde die **Landesbibliothek** ㉗ (Zugang Kalchberggasse 2) angebaut und das Gebäude **Neutorgasse 45** ㉘ errichtet, in dem die *Kunstgewerbe-Abteilung* und die *Alte Galerie* ihre Reichtümer zeigen (beide 🕓 Di–So 9 bis 16 Uhr, teilweise wegen Umstellung geschl.). Von unschätzbarem Wert sind die mittelalterlichen Kunstwerke wie die Admonter Madonna und die Votivtafel von St. Lambrecht, Gemälde österreichischer Barockmaler und Zeugnisse der steirischen Geschichte.

Den Titel **Grazer Congreß** ㉙ trägt das historistische Haus der Steiermärkischen Sparkasse, seit es für Kongresszwecke adaptiert wurde. Auch ein kleines Spielkasino findet man hier – und prächtige Konzertsäle: Der weite Stephaniensaal erhebt musikalische Abende zum Genuss für Ohr und Auge.

In mittelalterliche Zeiten versetzt die Umgebung der **Franziskanerkirche** ㉚, vor allem wenn man sich durch die Gässchen vom Hauptplatz her nähert. Der alteingeführte Name *Kälbernes Viertel* verweist darauf, dass hier die Metzger ihrem blutigen Geschäft nachgingen. Die übel riechenden Fleischbänke von einst haben sich jedoch in duftende Würstlstände verwandelt. Kloster und Kirche gehörten vormals dem 1239 in Graz begründeten Bettelorden der Minoriten. 1515 vor die Wahl gestellt, sich den reformierten, auf den Geist des hl. Franziskus rückgeführten strengen Regeln zu unterwerfen oder auszuziehen, taten die Minoriten Letzteres. Seither halten ihre franziskanischen Brüder hier die Stellung. Die Minoriten jedoch zogen in die Murvorstadt. Das vereinte Engagement Ferdi-

Kunst auf dem Pflaster

Die Stadtpfarrkirche

Forum Stadtpark

Es begann mit einer Ablehnung. Schlimmer: wegen einer fehlenden Gebührenmarke verhandelte die Stadtgemeinde erst gar nicht das Ansuchen junger Künstler, das alte Stadtpark-Kaffeehaus als Ausstellungs- und Versammlungsort renovieren zu dürfen. Der Abriss blieb beschlossene Sache, bis die Kulturschaffenden in Graz und der Steiermark mit Unterstützung der Medien Kräfte und Finanzen bündelten. Im Oktober 1959 begannen die Bauarbeiten – und siehe da: im November 1960 eröffnete das Forum Stadtpark. Es wurde tatsächlich zu einem Forum für Künstler aller Sparten, insbesondere aber ein Inbegriff der Avantgarde-Literatur durch Namen wie Peter Handke, Barbara Frischmuth, Wolfgang Bauer, Alfred Kolleritsch, Klaus Hoffer, Helmut Eisendle und Gerhard Roth. Ein Manifest einte die so unterschiedlichen Autoren nicht, allenfalls der Versuch, die Wahrheit in der Sprache zu finden. Im Mittelpunkt stand die von Alfred Kolleritsch und Alois Hergouth ins Leben gerufene Zeitschrift „manuskripte“. Die erste Nummer, im Keller mit einer handbetriebenen Hektographiermaschine vervielfältigt, erschien zur Eröffnung des Forums Stadtpark. „manuskripte“ stieg im Nu zum wichtigsten Publikationsorgan moderner deutschsprachiger Literatur auf, vor allem der Lyrik. Und daran hat sich bis heute nichts geändert.

Die Stadtmutter von Graz

Legenden umranken nicht nur ihre Wunderkraft, sondern auch ihre Entstehung. Angeblich stellte der Maler, unzufrieden mit dem Honorar, das Bild nicht fertig. Prompt ereilte ihn Gottes Strafe: Er erblindete wie aus heiterem Himmel. Erst das Stoßgebet „Maria hilf" gab ihm die Sehkraft zurück.

nands II., seiner Frau Maria Anna von Bayern und der Eggenberger ermöglichte 1607 den Bau der imposanten **Mariahilfkirche** ㉛ samt dem Konvent. Der hier beigesetzte Giovanni Pietro de Pomis entwarf vermutlich die Pläne. Die Kirche war lange Zeit die nach Mariazell meistbesuchte Wallfahrtstätte der Steiermark. Vielleicht trug die Schönheit des Gnadenbilds (1611) dazu bei: Es zeigt eine Muttergottes, die de Pomis unverkennbar als Tintoretto-Schüler ausweist und zur vielkopierten „Stadtmutter von Graz" wurde.

*Schloss Eggenberg

Zu Reichtum kamen die Eggenberger als Kaufleute, zu Würden als Militärs und Diplomaten: Ruprecht (1546–1611) wurde als Türkensieger zum Freiherrn, sein Vetter Hans Ulrich (1568–1634) aufgrund seiner Diplomatenkunst zum Reichsfürsten und Herzog befördert. Da Adel nun mal verpflichtet, wollte Hans Ulrich für sich und seine Familie ein Schloss. Monumental sollte sein **Schloss Eggenberg** (3 km westl. der Grazer Altstadt) sein. Als Vorbild schien ihm der Escorial gut genug, als Baumeister Giovanni Pietro de Pomis. Wahrscheinlich verfiel der Bauherr höchstselbst darauf, das Bauwerk als Abbild des Kosmos zu gestalten: durch 365 Fenster für die Tage des Jahres, 31 Gemächer pro Stockwerk, Ausrichtung des Schlosses nach Windrichtungen und Tageszeiten. Enkel Johann Seyfried (1644–1713) ließ die Säle im zweiten Obergeschoss so luxuriös ausstatten, dass Kaiser Leopold I. hier seine Hochzeit feierte. Ob der Habsburger das Freskenprogramm begriff, das feinsinnig das kosmologische Motto weiterspinnt? Falls Sie Mühe haben: Den Schlüssel liefern Hans Adam Weißenkirchners Wandgemälde im großartigen Planetensaal. Die sieben Planeten, zwölf Tierkreiszeichen und vier Elemente erzählen, dass mit den Eggenbergern das Goldene Zeitalter anbricht. Es kam nicht weit, denn 1717 starb die Familie aus. Die Prunkräume werden heute für Kulturveranstaltungen und repräsentative Zwecke des Landes Steiermark genützt (🕓 April bis Okt. Di–So 9–17 Uhr, Anmeldung an der Kasse, ☎ 03 16/58 32 64-11). In den übrigen Stockwerken stellt das *Landesmuseum Joanneum* seine Sammlungen zur Vor- und Frühgeschichte und Numismatik aus (🕓 Feb.–Nov. Di–So 9 bis 17 Uhr). Seine Römersteine hat es im englischen *Schlosspark* aufgestellt, durch den Pfauen und Mufflons streifen (🕓 tgl. 8–17 Uhr).

Praktische Hinweise

i Grazer Tourismus GmbH, Herrengasse 16, ☎ (03 16) 80 75, FAX 80 75-15.

✈ Graz-Thalerhof. 🚆 🚌

Grand Hotel Wiesler, Grieskai 4–8, ☎ (03 16) 70 66-0, FAX 70 66-76. An der Mur mit Blick auf den Schlossberg, das erste Haus der Stadt. ($))

Hotel zum Dom, Bürgergasse 14, ☎ (03 16) 82 48 00, FAX 82 48 00-8. 1997 eröffnetes Haus in einem Palais mit individuell und aufwändig gestalteten Zimmern. ($))

Hotel Erzherzog Johann, Sackstr. 3–5, ☎ (03 16) 81 16 16, FAX 81 15 15. Barocker Wintergarten, das Design der Cocktailbar übernahm Ernst Fuchs,

Schloss Eggenberg

Vertreter des Wiener Phantastischen Realismus. $$
Gasthof Häuserl im Wald, Rosegger-weg 105, ☎ (03 16) 39 11 65, Fax 39 22 77. „Häuserl“ ist ein Understatement: etwa 30 komfortable Zimmer. $$
Hotel Paradies, Straßganger Str. 380b, ☎ (03 16) 28 21 56, Fax 28 21 56-6. Im Südwesten unterhalb des Schlosses St. Martin, wo die Stadt in ländliches Grün übergeht. Sportangebot. $$
Pension Rückert, Rückertgasse 4, ☎ und Fax (03 16) 32 30 31. Gut ausgestattete Zimmer in einem schönen alten Villenviertel. $$
Pension Iris, Bergmanngasse 10, ☎ (03 16) 32 20 81, 32 30 81-5. Schöne Altbauräume mit modernem Komfort. $
Jugendgästehaus, Idlhofgasse 74, ☎ (03 16) 91 48 76, Fax 91 48 76-88. $
Schöcklbartl, St. Radegund, ☎ (031 32) 24 39, Fax 24 39-20. 1050 m hoch gelegene Pension und beliebtes Ausflugslokal für die Gipfelstürmer des Grazer Hausbergs. $

△ **Camping Central,** Martinhofstr. 3, ☎ (0) 67 63 78 51 02. Ganzjährig, mit Restaurant und großem Schwimmbad.

Quergasse, Abraham-a-Santa-Clara-Gasse 2, ☎ (03 16) 81 38 30. Unten Bar, oben Restaurant. Für Feinschmecker und Nachtschwärmer. $$$
Pichlmaier, Petersbergenstr. 9, ☎ (03 16) 47 15 97. Seit Jahren eine der ersten Adressen für Grazer Gourmets. $$$
Stainzerbauer, Bürgergasse 4, ☎ (03 16) 82 11 06. Zeitlos beliebt: steirische Kost in gemütlichen historischen Räumen. $$
Zur Goldenen Pastete, Sporgasse 28, ☎ (03 16) 82 34 16. Gute österreichische Küche zu vernünftigen Preisen in gemütlichen kleinen Gasträumen. $$
Krebsenkeller, Sackstr. 12, ☎ (03 16) 82 93 77. Gutbürgerliche Küche in historischen Räumen oder im Arkadenhof. $$
Hirschenwirt, Rupertistr. 115, 8075 Hohenrain, ☎ (03 16) 46 56 00. Die besten steirischen Backhendl weit und breit. $$
Gamlitzer Weinstube, Mehlplatz 4, ☎ (03 16) 82 87 60. Einfache steirische Kost. $
Graba, Grazbachgasse 42, ☎ (03 16) 82 10 21. Gemütlich, gutes Essen, bei Studenten beliebt. $

Das Grazer Nachtleben kann sich in seiner Vielfalt sehen lassen:

Bars

Theatercafé, Mandellstr. 11, ☎ (03 16) 82 53 65. Ist und bleibt die Wohnstube der Grazer Bohemiens.
Limarutti, Prokopigasse 4, ☎ (03 16) 82 90 06. An warmen Abenden setzt sich die Schickeria auf dem Gehsteig in Szene.
M1, Färberplatz 1, ☎ (03 16) 81 12 33. Gestylte In-Bar in luftiger Höhe.

Jazz

Da die Grazer Musikhochschule die einzige Jazz-Abteilung Mitteleuropas besitzt, ist die Qualität entsprechend.
Grandhotel Wiesler, Grieskai 2–4. Sonntags Jazzbrunch.
Royal Garden Jazz Club, Bürgergasse 8–10. Freitags Jazzabend.
Hemingway, Klosterwiesgasse 6. Viel Live-Musik.

Discos

2night, Sackstr. 27.
Disco Space, Gleisdorfer Gasse 15.
Nachtschicht, Wiener Str. Disco-Bar-Erlebnis-Café – was will man mehr.

Wer keine Zeit hat, in den Weinregionen südlich von Graz zu verkosten und einzukaufen, geht zu **Scaria** im Steirerhof, Jakominiplatz 12, oder in die **Vinothek bei der Oper,** Tummelplatz 1. Feine Holzschnitzarbeiten und anderes qualitativ hochwertiges Kunsthandwerk sind im **Steirischen Heimatwerk,** Herrengasse 10 und Paulustorgasse 4, zu erwerben oder im **Kunstgewerbever-**

ein, Landhausgasse 7. Antiquitäten- und Trödelgeschäfte reihen sich an der Sackstraße aneinander. Ein besonderes Musikinstrument ist die steirische Knopfharmonika. **Franz Schmidt** in 8045 Weinitzen bei Graz, Weinbergweg 26, ☏ (0 31 32) 20 68, fertigt und verkauft die diatonisch gestimmte „Quetschn".

Ausflüge

Maria Trost (7 km nordöstl. der Grazer Altstadt), ab 1714 von Andreas und Johann Georg Stengg erbaut, ist nicht von ungefähr ein beliebtes Wallfahrtsziel. Wanderer ermuntert die Kirche, weithin sichtbar auf ihrem Berg, zum Durchhalten. Innen versprühen die Fresken des Hofmalers Lukas von Schrams spätbarocke Farben- und Lebensfreude. Grazer schätzen den 45-minütigen Sonntagsspaziergang vom Hilmteich über den Leechwald nach Maria Trost – ob wegen des um 1465 entstandenen Gnadenbilds oder der Gastronomie sei dahingestellt.

Mit Stil und Eleganz: im Hotel Erzherzog Johann

Kirchenwirt (Pfeifer Hotels), Kirchplatz 9, Graz-Maria Trost, ☏ (03 16) 39 11 12. Österreichische Küche in großen Portionen. ($)

Ein Dirndl gefällig? Im Steirischen Heimatwerk

In drei Stunden zu Fuß vom Burgenland nach Vorarlberg. Das ist unmöglich? Nicht im * **Freilichtmuseum Stübing!** Seit 1963 versetzt man alte Bauernhöfe und Wirtschaftsgebäude aus allen Teilen Österreichs in das Tal 15 km nordwestlich von Graz. 70 Gebäude, von der Köhlerhütte bis zu großen Gehöften, veranschaulichen den Wandel von Siedlungsformen, Inneneinrichtung, Bautechnik und Arbeitsalltag. Wer wissen will, was in einer Stampfe oder Brechelhütte geschieht, ist hier richtig. (🕓 April–Okt. Di–So 9–17 Uhr.)

Allerliebster Kaufladen im Freilichtmuseum Stübing

Route 1

Seite 40

Rund um den Dachstein

Bad Aussee – Gröbming – Schladming – Ramsau – Filzmoos (84 km)

Die folgende Route nähert sich dem Dachstein in einer Halbschleife: Am ersten Tag ist seine Schneekrone entrückte Kulisse der Seen des Ausseer Lands, am zweiten schiebt sich die Wander- und Skiregion des Grimming in den Vordergrund. Am dritten Tag können Sie den Gipfel selbst stürmen, ganz bequem mit der Seilbahn ab der Ramsau. Für ausgedehnte Wanderungen sollten Sie entsprechend mehr Zeit mitbringen.

Kaum zu glauben, aber wahr: Die Steiermark hat einen höheren Anteil (16 %) am *Salzkammergut* als das Land Salzburg (12 %). Und das bei weitem größte Stück dieses Inbegriffs der traditionellen Sommerfrische liegt gar in Oberösterreich. Herzstück des steirischen Salzkammerguts ist das *Ausseer Land* mit seinen vom Toten Gebirge umrahmten Seen.

Bad Aussee

Bad Aussee (5100 Einw.) profitiert seit Jahrhunderten vom Salz. Herzog Albrecht verlegte 1290 das Salzsudwerk von Altaussee hierher, wo Altausseer und Grundlseer Traun, damals Brennholz-Transportwege, zusammenfließen. Das Geschäft mit dem weißen Gold florierte. Die Salzherren, die „Hallinger", durften zunehmend eigenständig agieren. Ihr Reichtum entfachte rege Bautätigkeit. Um 1400 entstand zur Verwaltung der Salinen der stattliche **Kammerhof** am Chlumeckyplatz; darin erläutert nun das **Heimatmuseum** insbesondere die Salzgewinnung (🕓 April bis Mitte Juni Di 15.30–18, Fr 9.30 bis 12, So 10–12 Uhr; Mitte Juni bis Mitte Sept. tgl. 10–12, 16–18 Uhr; Mitte Sept. bis Okt. Di 15.30–18, Fr 9.30 bis 12, So 10–12 Uhr).

Die **Pfarrkirche** aus dem 13. Jh. erweiterte man 200 Jahre später um ein Seitenschiff und den Turm. Das hohe, rotmarmorne Sakramentshäuschen (1523) und die vermutlich in Salzburg um 1410 gefertigte „Schöne Madonna" sind die Preziosen ihres Innendekors.

Für alte und arbeitsunfähige Bergleute wurde schon vor 1395 ein Spital eingerichtet. Kaiser Friedrich III. höchstselbst stiftete 1449 den gotischen Flügelaltar im Chor der zugehörigen **Spitalskirche.** Wahrscheinlich fand das Geschenk aber keine ungeteilte Dankbarkeit, zwang Friedrich doch gleichzeitig die Salzherren, ihm ihre Rechte

Künstler im Ausseer Land

Vor den Intrigen am Wiener Hof floh Erzherzog Johann oftmals in die Gebirgseinsamkeit des Ausseer Lands. Die Wiener Society nahm den abgelegenen Flecken erst wahr, als über Johanns Liebe zu Anna, der Tochter des Postmeisters von Aussee, getuschelt wurde. Vermutlich musterte der Geld- und Blutadel die Ansichten des Ausseer Lands, die Johanns Kammermaler Matthäus Loder, Jakob Gauermann und eine wachsende Zahl weiterer Künstler vorlegten, mit indigniert-lüsternem Interesse… Wie dem auch sei: Es dauerte nicht lang, da kitzelte die Sommerfrische des Salzkammerguts auch Wiens Adel und Großbürgertum.

Eine Empfehlung Adalbert Stifters in den Wiener Salons lockte Mitte des 19. Jhs. die gastgebenden Familien ins Ausseer Land; auch dort scharten sie flugs Künstler um sich. „Man erquickte sich an den Schönheiten der Landschaft und verkehrte gerne mit der originellen Bevölkerung", erinnerte sich

1

Seite 40

am Bergbau und Salzsieden und damit beträchtliche Einkünfte abzutreten.

Bad Aussee besitzt ein modernes **Kurzentrum** mit Sole-Mineral-Hallenbad. Seit 150 Jahren nutzt man hier Sole und Soleschlamm zu Heilzwecken. Welch illustre Gäste in Bad Aussee kurten oder die Sommerfrische genossen, lehrt eine Wanderung (5 Std.) auf der *Via Artis:* Tafeln entlang des Weges erzählen von Hugo von Hofmannsthal, Nikolaus Lenau, Wilhelm Kienzl und vielen anderen.

Zur Narzissenblüte von Mitte Mai bis Mitte Juni scheinen die Wiesen und Hänge von Sternen übersät. Höhepunkte des *Narzissenfests* Ende Mai/Anfang Juni sind der Autokorso von Bad Aussee nach Altaussee und, noch malerischer, der Bootskorso auf dem Altausseer See.

Blick auf Altaussee und den Altausseer See

der Ethnologe Ferdinand von Andrian, der über die Einheimischen einen dicken Wälzer verfasste. In den 1890er Jahren hatte sich das Ausseer Land zum Szenetreff von Österreichs Avantgarde gemausert. Arthur Schnitzler, Felix Salten, Sigmund Freud reisten immer wieder an, Hugo von Hofmannsthal regelmäßig bis zu seinem Tod 1929. Der Franke Jakob Wassermann schloss am Neujahrstag 1934 in Altaussee für immer die Augen. Die Landschaft war ihm zum Freund geworden, „wie einem ein Mensch zum Freund wird". So wie die Farben des Lichts der Provence, so inspirierten die Stimmungen der Landschaft des Ausseer Lands Künstler und andere kreative Geister: dramatisch düster, wenn die von felsigen Bergstöcken umarmten tiefen Seen die dunklen Wälder und dräuende Wolken spiegeln, strahlend heiter, wenn die Sonne, der ferne Dachsteingletscher und weiß blühende Narzissen um die Wette funkeln.

Der Erste Weltkrieg läutete das Ende des sommerlichen Künstlerforums ein, der Zweite machte seinen Resten brutal den Garaus: 1938 wurde Hermann Broch verhaftet, 1939 emigrierte Raoul Auernheimer, beide Wahl-Altausseer. Dafür warf Hitler ein Auge auf das Ausseer Land und bestimmte es zum letzten Bollwerk der bedrängten Wehrmacht. Die Nazis bunkerten Kunstschätze im Salzbergwerk. Das Gerücht, sie hätten im Toplitzsee Gold versenkt, entpuppte sich nach spektakulärer Schatzsuche als Ente.

In den Nachkriegsjahren zog das Ausseer Land Schriftsteller wie Robert Neumann, Friedrich Torberg und Hans Weigel an. Eine der Vergangenheit vergleichbare Künstlerkolonie hat es nicht wieder hervorgebracht, dafür aber eigene Talente: Die Altausseerin Barbara Frischmuth hat im Roman „Die Mystifikationen der Sophie Silber" (1976) ihre Heimat wahrhaft verzaubernd thematisiert, und Klaus Maria Brandauer unterstützt tatkräftig den „Ausseer Kultursommer".

Traun
Bad Ischl
Oberösterreich
TOTES GEBIRGE
Gr. Priel
2515
Hinterstoder
St. Pankraz
Teichl
1963
Hohe No
Windisc
garst
Rossleiten
Spita
Steyr
Warscheneck
2389
NSG
Naturschutz-
gebiet
Loser
1838
Bad
Goisern
Altaussee
Altausseer
See
Gößl
Toplitz-
see
Grundlsee
Bad Aussee
1
Tauplitz-
alm
Tauplitz
Liezen
2
Wörschach
Stainach
Pürgg
Enns
Trauten-
fels
Aigen
Irdning
Lassing
Strechau
Rottenmar
Ober-
traun
Hallstatt
Hallstätter
See
Dachstein-
höhlen
2109
Hoher
Krippenstein
Bad Mitterndorf
2351
Grimming
St. Martin
Naturschutz-
gebiet
Hoher
Dachstein
2995
Stoderzinken
2048
DACHSTEINGRUPPE
Filzmoos
Gröbming
Öblarn
Donnersbach
Ramsau
Aich
Großsölk
Haus
Schladming
Kleinsölk
Donnersbachwald
ROTTENMANNE
Enns
Rohrmoos
Boden-
see
1850
Hoch-
wurzen
NSG
Kleinsölkbach
Großsölkbach
Naturpark
Sölktaler
Gr. Knallstein
2599
Hohenwart
2361
WÖLZER TAUERN
TAUERN
Naturpark
1790
Sölkpass
SCHLADMINGER
2863
Hochgolling
NSG
TAUERN
NIEDERE
Sölktaler
2741
Preber
Krakau-
hintermühlen
3
Oberwölz-
Stadt
Salzburg
Lessach
Preber-
See
Krakau-
dorf
Schöder
St. Peter
Mariapfarr
Ranten-Bach
Mauterndorf
Tamsweg
St. Ruprecht
St. Georgen
Murau
St. Michael
Mur
Stadl
St. Lambrecht
St. Margarethen
Katschberghöhe
1641
Ramingstein
Predlitz
Grebenz
Rennweg
Villach
Kärnten

ROUTEN 1 - 3
0
10 km
Naturpark
Eisenwurzen
Naturschutz-
gebiet
NSG
Enns
Altenmarkt
St. Gallen
Salza
Wildalpen
ENNSTALER
ALPEN
Gr. Buchstein
2224
Naturschutz-
gebiet
Frauenberg
Admont
Gstatter-
boden
2365
Hochtor
Johnsbach
Hieflau
Leopoldsteiner
See
HOCHSCHWAB
Eisenerz
Gaishorn
Zeiritzkampel
2126
Trieben
EISENERZER
ALPEN
Vordernberg
Gr. Bösenstein
2449
Hohentauern
Kalwang
Mautern
Liesing
Trofaiach
St. Peter-
Freienstein
Traboch
Leoben
St. Michael
TRIEBENER TAUERN
SECKAUER
ALPEN
2416
Hochreichhart
Bret-
stein
Steiermark
Mur
TAUERN
NIEDERE
Seckau
St. Marein
b. Knittelfeld
Graz
Oberzeiring
Pöls
Fohns-
dorf
Spielberg
Knittelfeld
Rachau
GLEINALPE
1988
Speikkogel
Unzmarkt
Zeltweg
Großlobming
Judenburg
Scheifling
Weiß-
kirchen
Kainach
St. Wolfgang
SEETALER
ALPEN
Neumarkt
2396
Zirbitzkogel
Obdach
Köflach
Mühlen
Edelschrott
Hirschegg-
Rein
Klagenfurt

1

Seite 40

Tourismusverband Ausseer Land, Kurhausplatz 55, ☎ (0 36 22) 5 40 40-0, Fax 5 40 40-7.

Hotel Erzherzog Johann, Kurhausplatz 62, Bad Aussee, ☎ (0 36 22) 5 25 07, Fax 5 25 07-6 80. Direkter Zugang zum Kurzentrum mit dem Sole-Mineral-Hallenbad. $$

Hotel Seevilla, Fischerndorf 60, Altaussee, ☎ (0 36 22) 7 13 02, Fax 7 13 02-8. Lage am Seeufer, Hallenbad für kühlere Tage und Gradiergrotte gegen Schnupfen und Husten. $$

Hubertushof, Puchen 86, Altaussee, ☎ (0 36 22) 7 12 89, Fax 7 12 89-80. Jagdhof, der k. k. Atmosphäre mit modernem Komfort verbindet. $$

Gasthof Ladner, Gößl 1, Grundlsee, ☎ (0 36 22) 82 11, Fax 0 82 11-4. In diesem Wirtshaus am See tanzte Erzherzog Johann 1819 erstmals mit Anna Plochl. Dusche und WC besaßen die Zimmer seinerzeit noch nicht. $

Zum Loser, Altaussee, Ortsteil Fischerndorf, ☎ (0 36 22) 7 13 73. Gute österreichische Küche, vorzüglich zubereiteter Fisch aus dem See. $$

Gasthof Berndl, Altaussee 21 (Ortsmitte), ☎ (0 36 22) 7 12 27. Gemütliche Kachelofen-Atmosphäre, gute steirische Küche mit vielen Fischgerichten. $$

Altaussee und Grundlsee

Von Bad Aussee führt neben der Straße ein Fußweg entlang der Traun zum Dorf **Altaussee** (4,5 km), über das der Schriftsteller Friedrich Torberg sagte, es sei „keine Durchgangsstation“, sondern „ein Abschluss, ein krönender Abschluss“. Auch diese 1900-Seelen-Gemeinde hat ihre *Via Artis*, die an Friedrich Torberg, Jakob Wassermann und andere Künstler erinnert. Sie führt vom *Literatur- und Heimatmuseum* (Mitte Juni bis Mitte Sept. Mo–Sa 10–16 Uhr) aus in zwei Stunden um den *Altausseer See*. Außerdem wurde eine *Via Salis* eingerichtet. Das *Schaubergwerk* der Salzlagerstätte im Sandling (1717 m) steht Besuchern im Rahmen von Führungen offen (Mai bis Sept. tgl. 10–16 Uhr, Okt. 10–14 Uhr, Nov.–April nach Anmeldung unter ☎ 0 36 22/7 16 43). Sein unterirdischer See ist heute eine Kulisse von ganz eigener Atmosphäre für Kulturveranstaltungen.

Tipp Hoch hinaus, auf 1600 m Höhe, führt die mautpflichtige Panoramastraße zum **Bergrestaurant** des Loser (1838 m). Dort haben Sie herrliche Sicht über das steirische Salzkammergut – und die Möglichkeit, im Gleitschirmflug zu Tale zu schweben.

Nur ein Katzensprung (5,5 km) ist's auch zum ***Grundlsee** und der gleichnamigen Gemeinde. Er ist im Sommer das Revier von Schwimmern, Anglern, Tauchern, Seglern und Windsurfern, im Winter von Schlittschuhläufern. Und auch hier eine *Via Artis:* Der dreistün-

Drei-Seen-Tour

Mit seinen kleinen Brüdern, dem **Toplitz-** und **Kammersee,** bietet der Grundlsee eine Drei-Seen-Tour an. Sie ist zu Fuß wie auf dem Wasser ein Erlebnis. Nur die Autofahrer bleiben ausgesperrt. Denn an den von Felshängen eingeklemmten Toplitzsee mit seinen Wasserfällen und den versteckten winzigen Kammersee, an dem eine der drei Traunquellen herabstürzt, kommt man mit Pkws nicht heran. Motorschiffe legen beim Gasthof Lindlbauer am Westzipfel des Grundlsees ab. Am Ostende ausgestiegen, wandert man 20 Minuten zum Pier am Toplitzsee, setzt in einer traditionellen, allerdings motorisierten „Plätte“ (ein flaches Schiff) über und spaziert fünf Minuten zum Kammersee.

Seite 40

dige Uferweg steuert die Mühle (1760) des romantischen Malers Mathias Ranftl an.

Auf dem Weg zur Enns

Der Kur- und bekannte Wintersportort **Bad Mitterndorf** (3100 Einw., 14 km) liegt in einem Tal, mit Blick auf den beherrschenden * *Grimming* (2351 m). Die umgebenden Berge zeichnen für sein angenehmes, windgeschütztes Klima verantwortlich, die Quellen des *Thermalbads Heilbrunn* und das im Frühling unter Narzissen versinkende Hochmoor liefern seine Kurmittel. Wintersportler schätzen die natürliche *Skiflugschanze* am Kulm und das Skigebiet auf der schneesicheren *Tauplitzalm* (1600 m), ein ideales Gelände für Familien, Anfänger und Tourengeher, Langläufer, Snowboarder und Winterwanderer. Im Sommer sind die sechs Bergseen der Alm ein bezauberndes Wanderziel, vor allem wenn im Juni der Enzian, im Juli und August der Almrausch blüht. Ab Bad Mitterndorf verspricht eine Mautstraße, ab Tauplitz (10,5 km) ein Sessellift bequemen Zugang.

Entlang der Ostflanke des Grimming geht es nun auf das Ennstal zu. Kurz davor klebt am Rand eines Felsplateaus das Nest **Pürgg** (24 km). Seine schmucken Bauernhöfe scharen sich um die *Pfarrkirche zum hl. Georg*. Die um 1130 geweihte Kirche wurde Anfang des 14. Jhs. gotisch erweitert. Aus jener Epoche sind die Scheiben im südlichsten ihrer drei Chorfenster erhalten, außerdem einige Skulpturen wie das steinerne Vesperbild (1415) und die „Anna selbdritt“ (1510–1520) aus Lienhard Astls Werkstatt. Im oberen Turmgeschoss, der Läutkammer, deckte man 1953 einen Freskenzyklus (um 1300) auf, der die Passion, Katharinen- und Margarethenlegende illustriert.

Der * *Johanneskapelle* auf einer Anhöhe östlich des Orts verleiht ihr unverändert romanischer Charakter

Der Altausseer See, von den Bergen des Toten Gebirges umrahmt

Kinder im Ausseer Land

Im Sommer ein beliebtes Wanderziel: die Tauplitzalm

Die liegende Maria in der Johanneskapelle von Pürgg

1

Seite 40

Seltenheitswert. Ihre um 1160 entstandenen Fresken sind zwar teils nur schwach erkennbar, doch fast vollständig erhalten und damit im Alpenraum einzigartig. Darstellungen wie jene der liegenden Maria in der Szene von Christi Geburt verraten italo-byzantinische Inspirationen der wohl in Salzburg geschulten Maler. Ungewöhnlich ist der „Katzen- und Mäusekrieg“; vermutlich hat man eine Fabel des Äsop christlich interpretiert: Es siegen die vermeintlich Schwachen.

Im Ennstal

Auf einem Felsen wacht **Schloss Trautenfels** (26 km) über das Irdninger Becken. Seine Vorläuferin war eine Schutzburg (13. Jh.), die Friedrich von Trauttmansdorff 1664 erwarb und zum Schloss umbaute. Heute gibt das weitläufige Gebäudeensemble den attraktiven Rahmen für das *Landschaftsmuseum* und Sonderausstellungen der *Neuen Galerie* ab; beide sind Abteilungen des Landesmuseums Joanneum (🕓 Mai–Sept. tgl. 9–17 Uhr)

Tipp 1452 hatte der Verkehr zwischen Aussee und den Donnersbacher Tauern so zugenommen, dass Kaiser Friedrich III. den Bau einer Brücke über die Enns genehmigte. Der kurze Ausflug über den Fluss lohnt sich, auch wenn Ihnen keine Saumpferde mit Salzsäcken mehr begegnen. Packen Sie außer Bergschuhen Badezeug ein: In der Wanderregion zwischen dem Grimming und den Donnersbacher Tauern liegt der **Putterersee**, der wärmste Alpenmoorsee der Steiermark.

Hotel Schloss Pichlarn, Irdning, ☏ (0 36 82) 2 28 41-0, FAX 2 28 41-6. Romantisches, in Wiesen und Wälder eingebettetes Anwesen mit Herz für Sportliche: 18-Loch-Golfkurs, Reithalle und -plätze, sehr gepflegte Tennisanlagen. $$$
Gasthof-Gutspension Putterersee, Aigen im Ennstal, ☏ (0 36 82) 2 25 20-0, FAX 2 25 20-33. Hier, 5 Min. vom in Familienbesitz befindlichen Putterersee entfernt, können Kids sich austoben. $$

Gröbming (2200 Einw., 44 km) arrangiert für seine Gäste fast alle Arten von Freizeitgestaltung: Paragliding, Mountainbiking, Snowrafting, Schneeschuhwandern, selbst Bauchtanzen. In der spätgotischen *Pfarrkirche Mariä Himmelfahrt* entdeckt man ein Juwel: einen spätgotischen Altar aus der Werkstatt des Lienhard Astl. Wem die Wanderung (3 Std. einfach) auf den *Stoderzinken* (2048 m) zu anstrengend ist, der kann über die Mautstraße (10,5 km) zum Steinerhaus fahren und von dort in 20 Minuten zum hölzernen Friedenskircherl knapp unterhalb des Gipfels aufsteigen. Als Lohn winkt ein großartiger Blick auf die Dachstein-Tauern-Region. Bei Familien beliebt ist das kleine Skigebiet *Galsterbergalm* (1947 m) gegenüber von Gröbming.

Spätestens in **Aich-Assach** (51 km) wissen Sie, dass der *Bodensee* in der Steiermark liegt. An Größe kommt er an seinen berühmten Namensvetter zwar bei weitem nicht heran, liegt dafür aber, gespeist von den Wasserfällen des Hütten- und Obersees, auf 1157 m Höhe. Im Forellenhof ($$) – der Name verrät die Hausspezialität – können Sie direkt am Bodensee rasten. Wer zum obersten der drei Seen, dem *Hüttensee* mit der Hans-Wödl-Hütte, wandern will, braucht Kondition und eine gute Ausrüstung: Es geht vier Stunden bergauf.

Auf den Hausberg der Nachbargemeinde **Haus** (56 km), den *Hauser Kaibling* (2015 m), führt der Tauernhöhenweg. Die meisten Bergfreunde gelangen freilich mit der Tauernseilbahn hinauf – und im Winter über FIS-Abfahrten wieder zu Tal. Der Dorfkern schmückt sich mit stattlichen, um 1750 erbauten Häusern, der Ortsteil Oberhaus mit der kleinen spätgotischen, innen üppig barocken *Filialkirche hl. Margaretha*. Ihre Kanzel (1742–1743), deren Korb ein Drache trägt, ist ein originelles Werk von Balthasar Prandstätter.

1
Seite 40

Rund um Schladming

Als Austragungsort von Weltcuprennen ist **Schladming** (4400 Einw., 63 km) selbst jenen Wintersportlern ein Begriff, die ihre Leibesübungen vor dem Fernseher absolvieren. Vielseitige Abfahrten (insgesamt 60 km) überziehen die *Planai* (1894 m) und die *Hochwurzen* (1850 m), an denen zahlreiche Hütten zur Einkehr einladen. Die Berge sind schon seit dem 12. Jh. Schladmings Haupteinnahmequelle: Der Bergbau machte den Ort früh – er erhielt 1322 Stadtrecht – zu einem wirtschaftlichen Zentrum des Ennstals. Schladmings Engagement beim Aufstand der protestantischen Bauern und Knappen 1525 gegen die harte Herrschaft der katholischen Habsburger wurde mit dem Niederbrennen der Stadt und dem Entzug des Stadtrechts drakonisch bestraft. Erst seit 1925 darf der Ort sich wieder Stadt nennen. Im ehemaligen Spital der Bergknappen (1661) lässt das *Stadtmuseum* Schladmings Geschichte und Kultur Revue passieren (🕓 Di–Fr 10–12, 17–20, So 11–14 Uhr).

Einblick in die Arbeitswelt unter Tage bietet das benachbarte **Rohrmoos.** Dort können Sie sich Führungen durch den *Bromriesen-Stollen* und auf dem Stollenlehrpfad der aufgelassenen Bergbaureviere Zinkwand-Vöttern anschließen (Mitte Juni bis Mitte Sept. Di 9.30 Uhr nach Anmeldung unter ☎ 0 36 87/2 22 68).

Tipp Ihre vielfältigen landschaftlichen Reize, darunter allein 300 Bergseen und 60 Wasserfälle, machen die Tauern zum Wander- und Kletterparadies. Von den zahllosen Möglichkeiten sei hier die Tour durch das **Untertal** herausgegriffen. Die Etappe von Schladming zu den *Riesachfällen* lässt sich mit Wanderbus oder Pkw zurücklegen. Von dort geht es 45 Minuten bergauf zum *Riesachsee*, wo man mit einem herrlichen Panorama belohnt wird. Die anschließende, nur für konditionsstarke, schwindelfreie Bergsteiger geeignete

Schloss Trautenfels

Allen Wintersportlern ein Begriff: Schladming

Am Putterersee

1

Seite 40

Strecke führt über die Preintalerhütte (☎ 06 63/3 61 75) und den Greifenstein (2397 m) zum *Klafferkessel* auf 2000 m Höhe. In diesen eiszeitlichen Kessel betten sich 30 Seen, umgeben von Bergspitzen, die der höchste Gipfel der Niederen Tauern, der Hochgolling (2863 m), überragt. Der Abstieg erfolgt über den Greifenberg (2618 m) und die Gollinghütte (12 Std.).

Tourismusverband, Erzherzog-Johann-Str. 213, ☎ (0 36 87) 2 22 68-0, Fax 2 41 38.

Romantikhotel-Restaurant Alte Post, Hauptplatz 10, ☎ (0 36 87) 2 25 71, Fax 2 25 71-8. 370jährige Gaststättentradition, jünger sind die Golfpauschalwochen. $$

Kirchenwirt („Tritscher"), Hauptstraße 27, ☎ (0 36 87) 2 24 35, Fax 2 24 35-16. Rustikale Zimmer und Gaststube, steirische Hausmannskost aus der Hausmetzgerei. $

Pension Wirthof, Obere Klaus 47, ☎ und Fax (0 36 87) 2 46 10. Brot und Schafskäse vom eigenen Bauernhof, Ponyreiten. $

Zauberkiste, Siedergasse 635, ☎ (0) 6 63 06 99 76. Das Essen ist italienisch, aber ob es nicht vor dem Genuss gleich wieder verschwindet, ist im Lokal von Moritz Tschann, Österreichs Meister der Tischzauberei, nicht so ganz sicher. $$

Sonderbar, Salzburger Str. 20, ☎ (0 36 87) 2 28 81. Bar und Disco in einem.

Die Ramsau

Die Moränen- und Hochmoorlandschaft liegt auf 1000 bis 1300 m Höhe wie eine weite (18 mal 4 km) Terrasse über dem Ennstal. Über ihr erhebt sich das vergletscherte *Dachsteinmassiv.* Im Winter verwandelt sich auch das Hochplateau der Ramsau in eine weiße sportliche Welt. Im Sommer bezwingen Hiker und Mountainbiker die Hänge. Markierte Wanderwege und Klettersteige (insgesamt gut 200 km) erschließen die Bergwelt. Manche Hütten bieten außer kulinarischer auch geistige Nahrung. So erläutert in der *Austriahütte* das *Alpinmuseum* Flora, Fauna und die Erschließung des Dachsteins. Speziell an Kinder richtet sich der *Natur- und Umweltlehrpfad,* dessen 16 Stationen eine Wasserwelt mit Säge-, Elektrizitätswerk, Schmiede und Mühle umfassen. Der *Toleranzweg* erinnert an das von Kaiser Joseph II. 1781 erlassene Toleranzpatent, das den Protestanten freie Religionsausübung gewährte. Die Ramsau war eine Zuflucht der 200 Jahre lang verfolgten Protestanten, die hier heute noch eine geschlossene Gemeinde (2360 Einw., 68 km) bilden.

Zu deren kunsthistorischen Attraktionen zählt die mit romanischen und gotischen Fresken verzierte *Pfarrkirche St. Rupert am Kulm.* Von den Naturschönheiten ist besonders die *Silberkarklamm* zu nennen. Der bei Ramsau-Rössing oberhalb der Lodenwalke beginnende Aufstieg über Brücken und Stege zur bewirtschafteten Silberkarhütte (1250 m) dauert eine Stunde.

Im Westen des Plateaus windet sich die mautpflichtige *Dachsteinstraße* zur Türlwandhütte (1702 m) in der Almenregion hinauf. Dort befindet sich die Talstation der Gletscherseilbahn. Die stützenlose Pendelbahn schwebt in 10 Minuten zur Bergstation (2700 m) mit Panoramarestaurant auf dem *Hunerkogel.* Ein markierter Weg führt über den Gletscher zur *Seethaler-Schutzhütte* (45 Min.), von der aus man direkt in die steil abfallende Dachstein-Südwand blickt.

Tourismusverband, Ramsau am Dachstein, ☎ (0 36 87) 8 19 25 oder 8 18 33, Fax 8 10 85.

Ramsauhof, Ramsau, ☎ (0 36 87) 8 19 65, Fax 8 19 65-9. Für Leib und Seele: eigenes Hallenbad, schöne Aussicht. $$

1
Seite 40

Landhaus Kirchgasser, Ramsau-Vorberg 460, ☏ (0 36 87) 8 18 79. Nichtraucherhotel am Waldrand. ($)
Reiterhof, Ramsau-Leiten 43, ☏ (0 36 87) 8 17 96. Für Pferdenarren: Reitbetrieb auch für Anfänger, Pferdezucht, eigene Landwirtschaft. ($)

Alpengasthof Peter Rosegger, Ramsau am Dachstein 233, ☏ (0 36 87) 8 12 23. Leichte, naturbelassene Küche, jahreszeitlich komponiert. ⌚ tgl. 12–17 Uhr. ($)

In der Ramsau

Blick auf das vergletscherte Dachsteinmassiv

Filzmoos

Vom einst sehr feuchten Hochmoor in dem Hochtal zeugen der Ortsname (1100 Einw., 84 km), die vielen Orchideenarten sowie die ältere Bebauung: Deren Häuser stehen auf einem kleinen Hügel, um sich vor nassen Füssen zu schützen. Im spätgotischen *Landkirchlein* sind Reste von Fresken (um 1515) zu sehen und das „Filzmooser Gnadenbild“, eine anrührende Figur des Jesuskinds (Ende 15. Jh.).

Bei den Lodenwalkern

Strapazierfähig, Wasser abweisend und atmungsaktiv – das lässt an High-tech-Fasern denken, beschreibt aber die Vorzüge des altbewährten Loden. Dem Loden aus dem Ennstal wurde schon vor über 550 Jahren „vorzügliche Güte“ attestiert. Die Herstellung des robusten Stoffs war aufwendig: Zunächst wurde mit zwei Nagelbrettern die Schafwolle gekrempelt (aufgelockert) und mit dem Spinnrad der Faden gedreht. Daraus arbeitete man ein lockeres Rohgewebe, das gewalkt und gestampft, bei Strichloden zudem aufgeraut, geschoren und gepresst wurde. An diesen Arbeitsschritten haben selbst die modernen Maschinen nichts geändert.

Die älteste Ennstaler Lodenweberei, **Lodenwalker** in der Ramsau (Rössing 122, ☏ 0 36 87/8 19 30), besteht bereits seit 1434, auch wenn der heutige Bau natürlich jüngeren Datums ist. Fabrikhalle und Shopping-Atmosphäre wirken ein wenig altmodisch, die jüngst getroffene Entscheidung, das gastronomische Angebot zu betonen, war vielleicht nicht der Weisheit letzter Schluss. Aber die Qualität der Waren, der Kleidung wie der Wolle, ist hervorragend und umfasst modernes Design ebenso wie traditionelles.

Ein großer Schwesterbetrieb besteht auf salzburgischer Seite übrigens immerhin schon seit 1888: **Loden-Steiner** (Mandling 90, ☏ 0 64 34/72 03), der zudem ein Fachgeschäft in Schladming unterhält. **Ruhdorfer** in Donnersbach (☏ 0 36 83/22 60) ist auf Walkjanker spezialisiert. Auch diese beiden Betriebe sind zu besichtigen.

Route 2

2

Seite 41

Von der Vielfalt der Wunder

Selzthal – Frauenberg – ** Stift Admont – Hieflau – Eisenerz – Leoben (105 km)

Rund um die Ennstaler und Eisenerzer Alpen genügt schon ein Tag, um einige der großen kulturellen und landschaftlichen Perlen der Steiermark zu bewundern. Dort, wo die Enns in einem breiteren Becken einige Flüsschen aufnimmt, bevor sie nach Osten in das enge Gesäuse einschneidet, liegt Stift Admont mit seinem berühmten Bibliothekssaal. Die Felsszenerie des gewaltigen Durchbruchtals endet bei Hieflau, an der Mündung des Erzbaches. Ihm zu folgen gleicht einer Zeitreise durch die Geschichte des Bergbaus.

Strechau und Frauenberg

Ausgangspunkt dieser Route ist der Verkehrsknoten *Selzthal*, Schnittstelle seit alters wichtiger Reisewege: der Straße vom Pyhrnpass im Norden und der „Salzstraße", die via Aussee und oberes Ennstal Salzburg mit Leoben verknüpfte. Eine solch strategische Stelle gehört kontrolliert. Die mächtige **Burg Strechau** bewacht das Paltental. Sie entstand als typischer Wehrbau mit Vor- und Hauptburg. Ihr ältester erhaltener Teil ist der *Hungerturm* (1370). Später kamen Renaissanceportale, Arkadenhof und Schlosskapelle dazu, mit Fresken, die der protestantischen Lehre folgen. Im Zuge der Gegenreformation gelangte das Schloss in den Besitz des Stifts Admont. Von der durchgreifenden Barockisierung blieben die protestantischen Kapellenfresken seltsamerweise verschont.

Kurz vor Admont schiebt sich die **Wallfahrtskirche Frauenberg** (28 km) ins Blickfeld. Der mirakelhafte Fund einer von den Hochwasserfluten der Enns ans Ufer gespülten Marienstatue führte Anfang des 15. Jhs. zu dem Bau einer Kapelle und kurz darauf einer gotischen Wallfahrtskirche. In der zweiten Hälfte des 17. Jhs. errichtete Carl Antonio Carlone im Auftrag des Stifts Admont den Neubau. Das Innere schwelgt in üppigem Barock. Der Hochaltar (1690) trägt das spätgotische Gnadenbild und reichen Figurenschmuck (um 1736) von Joseph Thaddäus Stammel. Die Äbte von Admont weilten selbst gerne und häufig hier, denn sie wussten die herrliche Lage der Kirche zu schätzen, die sich auf dem Kulm vor der Kulisse des Gesäuses in Szene setzt.

**Stift Admont

Weit zu reisen hatten sie nicht, denn **** Stift Admont** liegt nur 5 km entfernt. Die (1938 heiliggesprochene) Kärntner Gräfin Hemma von Gurk stif-

Das Achte Weltwunder

Der Bibliothekssaal von Admont wurde wegen seiner Ausmaße (70 m lang, 13 m breit, 12 m hoch) und Schönheit als achtes Weltwunder gerühmt. Beim Eintreten umfängt Rokokoheiterkeit: goldenes Laubwerk umspielt die geschwungenen weißen Bücherregale, ein Gitter, zart wie eine Spitzenbordüre, umläuft die Galerie. 48 Fenster leuchten Bartolomeo Altomontes Deckenfresken und den mit der Bücherordnung korrespondierenden Dekor aus. Im mittleren Kuppelraum, wo die Bibelausgaben und Texte der Kirchenväter versammelt sind, fesseln die Holzskulpturen von Joseph Thaddäus Stammel; sie stellen die „Vier letzten Dinge" (Tod, Gericht, Himmel, Hölle) sehr ausdrucksstark dar.

tete den Grund, auf dem Erzbischof Gebhard von Salzburg zwölf Mönche das Benediktinerkloster aufbauen ließ. 1074 weihte Gebhard feierlich die Kirche; die heutige, neugotische *Stiftskirche* wurde nach einem verheerenden Brand 1865 erbaut. Gebhards Schenkung von Handschriften begründete die berühmte *Stiftsbibliothek*, die sich noch im 14. Jh. mit der Biblioteca Vaticana messen konnte.

Weitere Meisterwerke von Stammel sind in der *Stiftskirche* (die Krippe) und in der kunsthistorischen Sammlung des *Stiftsmuseums* zu sehen, das seine naturhistorische Abteilung dem 44 Jahre währenden Sammlerfleiß eines Paters verdankt (🕓 Mai–Sept. tgl. 10 bis 13, 14–17 Uhr; April und Okt. tgl. 10–12, 14–16 Uhr, ☎ 0 36 13/23 12).

In ihrer vornehmen Sommerresidenz, dem nur 1,5 km südlich gelegenen **Schloss Röthelstein,** ließen die Admonter Äbte es sich wohl sein. Das dürfen ihnen heute alle Besitzer eines Jugendherbergsausweises nachtun.

i Tourismusverband Gesäuse, Admont, ☎ (0 36 13) 21 64, FAX 36 48. Hier auch Auskünfte über Bergführungen und Kletterprogramme.

Wengerwirt, Admont-Weng 84, ☎ (0 36 13) 22 70, FAX 22 70-4. An der hauseigenen Kletterwand kann man gleich zu üben beginnen. $

⚠ **Kamp,** Admont-Hall, ☎ (0 36 13) 27 53. An der Enns.

Gasthaus Kamper, Admont, ☎ (0 36 13) 36 88. Steirische Hausmannskost, mit Gastgarten und Kinderspielplatz. $

Tipp Im 19 km nordöstlich gelegenen St. Gallen verblüfft ein kleines, feines Festivalprogramm. Zwei Wochen im August bieten namhafte Künstler u. a. auf der Burg Gallenstein Klassik neben Volksmusik. ☎ (0 36 32) 77 14.

Das Paltental immer im Blick: Burg Strechau

Einst stark frequentiertes Pilgerziel: Frauenkirchen

Heiteres Rokoko: die Stiftsbibliothek von Admont

2
Seite 41

Auf dem Weg zum Erzberg

Kurz hinter Admont zwängt sich die B 146 neben der Enns durch das **Gesäuse,** den gewaltigen Durchbruch des Flusses durch das mächtige Kalkmassiv der Ennstaler Alpen. Die zerklüfteten Gipfel des Großen Buchsteins (2224 m) im Norden, des Reichensteins (2247 m), Großen Ödsteins (2355 m) und Hochtors (2365 m) im Süden zeichnen die Felsszenerie. Das steilwandige Tal ist eine der eindrucksvollsten Landschaften der Steiermark und ein Dorado für Bergsteiger, Kletterer, Kanuten und Rafter. Einen guten Ausgangspunkt für Bergtouren findet man im ehemaligen, an der aufgestauten Enns gelegenen Holzfällerdorf **Gstatterboden** (50 km). Der *Peternpfad* etwa ist ebenso berüchtigt wie es der Wilderer „Schwarzer Peter" war, der ihn als Fluchtsteig ins Johnsbachtal nutzte (Hinweg 4 Std.). Im Gesäuse können sich Klettermaxen und Gipfelstürmer etlichen Herausforderungen stellen. Weniger Wagemutige seien beruhigt: Die Hälfte der markierten Wanderwege (gut 280 km) bewegt sich im Talbereich.

2

Seite 41

Bei **Hieflau** (59 km) verlässt die Enns das Gesäuse und schwenkt nordwärts gen Oberösterreich. Alte Spuren zeugen davon, dass Hieflau eine wichtige Station auf der zwischen Leoben und der Donau verlaufenden *Eisenstraße* war. An einer Stelle der Enns sind Reste eines Rechens aus dem 16. Jh. erhalten, eines Gitters aus Pfählen zum Auffangen des Flößholzes. Dieses wurde zu Holzkohle verarbeitet, die zum Feuern der Schmelzöfen diente.

Mit dem Hauly und der Katl

Über eine Gangway klettern die in gelbe Ölmäntel gehüllten und behelmten Besucher auf den Rücken des monströsen Schwerlasters. „Bitte anschnallen!", heißt es nach der Begrüßung, und schon geht die Fahrt los. Hauly – sein voller Name lautet Haulpak Truck 85 C – arbeitet sich mit seinen 860 PS mühelos die Etagen des Erzbergs hoch. Unter der Woche sieht man die gewaltigen Maschinen bei der Arbeit, am Wochenende darf man höher hinauf und den Blick in die Eisenerzer Alpen genießen.

Unterwegs wird lebendig vom Tage- und Untertagebau am Erzberg erzählt: von der einstmals harten Arbeit der Knappen, die mit Schlägel und Eisen das Erz aus dem Berg brachen, der Kutterjungen, die die Brocken zerkleinerten, der Sackzieher, die das Erz in Säcken mit Kufen und Rädern zu den Halden schleppten. Früher förderte ein Knappe täglich 160–200 kg Erz. Heute errechnet die Statistik pro Mann und Tag zehn Tonnen – eine Leistung, die Computersteuerung, hydraulisch betriebene Großbagger und -lochbohrmaschinen ermöglichen – und eben die Haulys mit ihren 77 Tonnen Nutzlast. Personal sparend, aber immerhin noch einige Dutzend Arbeitsplätze sichernd, wird nur noch Tagebau betrieben. Ein gehaltvolles Lager ist der Erzberg nicht. Lediglich ein gutes Drittel des abgebauten Gesteins enthält Erz. Seine chemische Zusammensetzung macht das Erz allerdings zum Beimischen im Hochofen interessant.

Seit der Schließung des letzten Stollens fährt die Katl, ein Mannschaftszug, Besucher 1,5 km tief in das – 8 °C kalte! – Schaubergwerk. Der 800 m lange Rundgang klärt über den Untertagebau auf, die Stollensicherung, Lade-, Förder-, Bohr- und Sprengtechnik. Sie dürfen Hand an eine Bohrmaschine legen und einer Sprengung beiwohnen: Wenn Sie nach Blitzen, Krachen und Abzug des Pulverdampfs wieder durchblicken, sehen Sie im 10 m² kleinen Stollen 60 Tonnen losgelöstes Gestein.

Die Route folgt nun der Eisenstraße auf der B 115 zum **Leopoldsteiner See.** Wenn die Schwimmer und Surfer abgezogen sind und der waldumsäumte See dunkel schweigt, genügt schon ein wenig Phantasie, um ihn sich als Reich eines Wassermanns vorzustellen. Und tatsächlich: Holzknechte nahmen ihn einst gefangen, worauf er für seine Freilassung folgenden Lohn zur Auswahl stellte: „Gold für 10, Silber für 100 Jahre oder Eisen für immerdar." Die Steirer dachten zukunftsorientiert und wählten das Eisen. Daraufhin wies der Wassermann auf den * *Erzberg* und machte sich aus dem Staub. So begann der Sage nach der Erzabbau, der aus dem Berg eine gigantische Stufenpyramide geformt hat. Urkundlich belegt ist der Tagebau am „Steirischen Brotlaib" seit 712, der jüngst eingestellte Untertagebau seit dem Mittelalter.

Wo es saust und braust: das Gesäuse

Eisenerz

Die Stadt (7900 Einw., 75 km) liegt zu Füßen des Erzbergs. „Innerberger" nennt man heute noch ihre Bewohner, denn ihre Vorläuferin befand sich im Krumpental unmittelbar am Berg. Im 13. Jh. verlegte man die Siedlung an den Erzbach, um seine Wasserkraft nutzen zu können. Die über 1000 Jahre alte Bergbautradition erschließt sich beim Stadtrundgang. Markantester Blickfang ist der **Schichtturm** (1580), dessen Glocke den Schichtwechsel der Bergmänner einläutete. Im Ortskern beherrscht das ehemalige Rathaus mit seinem Turm (1548), gegenüber der einstige Getreidespeicher (16./17. Jh.) den **Bergmannplatz.** Im **Kammerhof** (16. Jh.) residierte die kaiserliche Bergbehörde. Ende des 19. Jhs. zum Jagdschloss von Kaiser Franz Joseph umgebaut, beherbergt er nun das **Stadtmuseum,** das die Arbeitswelt des Bergbaus illustriert (🕓 Mai bis Okt. Mo–Fr 9–17, Sa und So 10–12, 14–17 Uhr; Nov. bis April Mo–Fr 9–12 Uhr). Die von Mauern befestigte **Oswaldikirche** (13. Jh.) am Ortsrand ist die größte und besterhaltene Taboranlage

860 PS unter der Motorhaube

Blick auf das Zentrum von Eisenerz

2
Seite 41

2

Seite 41

(der altslawische Begriff bedeutet befestigtes Lager, Fliehburg) der Steiermark. Eine Treppe führt zu dem spätgotischen Bau hinauf, dessen klare Gliederung von verspieltem Maßwerk aufgelockert wird.

Auf dem unweit der Oswaldikirche endenden **Gesteinslehrpfad** können Sie die geologische Formation des Erzbergs studieren – am besten mit der Infobroschüre in der Hand, die Sie am Ausgangspunkt erhalten, der Talstation des **Schaubergwerks.** Auf die unterhaltsamen und aufschlussreichen Führungen durch das 1986 stillgelegte Untertage-Bergwerk sollte man nicht verzichten, ebensowenig auf die Erzbergfahrt mit dem Hauly (Führungen Mai–Okt. tgl. 10, 12.30 und 15 Uhr, Fahrten nach Bedarf, Anmeldung unter ☎ 0 38 48/45 31-4 70, 📠 45 31-5 80).

Informationsbüro, Freiheitsplatz 7, ☎ (0 38 48) 37 00, 📠 35 05.

Gasthof Zur Post, Lindmoserstr. 10, ☎ (0 38 48) 22 32. Hinter der Stuckfassade von 1700 verbirgt sich eine gute Küche. ($)

Tipp An einigen Sonntagen im Jahr (Termine beim Informationsbüro, s. o.) können Sie die Strecke Eisenerz–Vordernberg mit der alten *Erzbergbahn* zurücklegen. Von 1891 bis 1978 beförderte sie Erz nach Vordernberg. Ihre Trasse verläuft um und durch den Erzberg, über Viadukte, Steilstrecken und beim Präbichlpass durch einen Tunnel.

Vordernberg

Schon vom Erzberg aus sehen Sie die mächtigen Straßenviadukte über den Präbichlpass – und von dort auf der Aussichtsterrasse zurück auf den Erzberg. An den Fuß des *Präbichl* (1232 m), eines beliebten Skigebiets, bettete sich Vordernberg (1800 Einw., 88 km). Bis Anfang des 20. Jhs. lebte auch dieser Ort vom Erz. Seine 14 Radwerke, mit Holzkohle betriebene Schmelzöfen, standen am Vordernberger Bach. Das **Radwerk 4,** der am besten erhaltene Hochofen, veranschaulicht als Museum, ergänzt von Lehrfrischhütte mit Wasserrad, Schwanzhammer und Esse sowie Gebläsehaus, die traditionelle Roheisengewinnung (🕓 nach Anmeldung beim Kustos: ☎ 0 38 49/2 83).

Mehrere stattliche Häuser der Hammerherren und Radmeister stehen an der Hauptstraße. Erzherzog Johann erwarb 1822 zusammen mit dem Radwerk 2 das **Meranhaus** (Nr. 85); nach einer Schulung selbst Radmeister geworden, hielten er und seine Frau sich oft darin auf. Das **Raithaus** (Nr. 110) war Sitz der 1840 von Johann begründeten Montanlehranstalt, die 10 Jahre später – wie zunehmend auch die Erzverhüttung – nach Leoben verlagert wurde.

Leoben

Leoben (28 500 Einw., 105 km) bildet die Endstation dieser Route. Die zweitgrößte Stadt der Steiermark ist seit Jahrhunderten ein Zentrum von Eisenverarbeitung und -handel und durch die renommierte, aus der Vordernberger Lehranstalt hervorgegangene Montanuniversität auch eines der Wissenschaft. Das eingemeindete Donawitz entwickelte sich Ende des 19. Jhs. zum Hauptstandort der steirischen Schwerindustrie.

Diese Schnittstelle wichtiger Land- und Wasserwege war schon früh besiedelt. Im 13. Jh. wurde in der Schlinge der Mur eine befestigte Stadt angelegt. Zu den Stadtmauerresten zählt der **Maut-**

Ein Gösser, bitte

Göß ist in ganz Österreich in aller Munde: Das süffige Produkt der Klosterbrauerei, das „Gösser", ist das beliebteste Bier der Alpenrepublik (🕓 Biermuseum Sa, So 9–17 Uhr, Führungen durch die Brauerei nach Vereinb., ☎ 0 38 42/20 90 58 02).

turm an der westlichen Murbrücke. Den **Hauptplatz** der Altstadt umstehen historische Bauten wie das Alte Rathaus (16. Jh.) und der spätgotische, mit Renaissancefassade und Arkadenhof ausgestattete Gasthof Schwarzer Adler. Prunkstück des Platzes ist das manieristisch stuckverzierte **Hacklhaus.** Während seine Fassadenfiguren die Jahreszeiten und Tugenden personifizieren, überwiegen an anderen Gebäuden Bergbausymbole. Sogar das klassizistische **Stadttheater** (1790), Österreichs ältestes erhaltenes bespieltes Theater, schmücken ein Bergmann und Hüttenmann aus Mariazeller Eisenguss. Die **Stadtpfarrkirche St. Xaver** blieb weitgehend unverändert erhalten, wie sie nach Plänen von Peter Franz Carlone 1660–1665 für die Jesuiten errichtet worden war. In der für den Orden typischen Wandpfeilerkirche mit Seitenkapellen beeindruckt das schwarz-goldene Knorpelschnitzwerk.

In einem kleinen **Gartenhäuschen** am südwestlichen Stadtrand (Kärntner Str. 196) unterzeichnete Napoleon 1797 den Vorfrieden von Leoben. Der Federkiel, mit dem die Unterschrift geleistet wurde, ist hier neben anderen Erinnerungsstücken an den Franzosen ausgestellt (🕓 Mai–Okt. tgl. 9–17 Uhr).

Gewohnt hat Napoleon allerdings im ***Stift Göß** im Süden der Stadt. Dieses älteste steirische Kloster wurde um 1000 als hochadeliges Benediktinerinnenstift gegründet. Von der romanischen Basilika ist die Krypta erhalten. Die sich heute darüber erhebende Kirche zählt zu den interessantesten gotischen Bauwerken der Steiermark. Ihr Langhaus wurde 1510–2522, abgestimmt auf den Chor (1338), erneuert. Die südlich anknüpfende zweigeschossige Bischofskapelle, einer der frühesten gotischen Bauten (ab 1271) der Steiermark, zeigt noch die vor 1283 im Zackenstil gefertigten Wandmalereien.

Warten auf die Erzbergfahrt

2

Seite 41

Der Mautturm von Leoben, auch Schwammerlturm genannt

Nur noch Museum: Radwerk 4 von Vordernberg

Route 3

3

Seite 41

Die grüne Mur

Leoben – Judenburg – (* Oberwölz –) * St. Lambrecht – * Murau – Krakaudorf – St. Ruprecht – Murau (208 km)

Im dicht bewaldeten oberen Murtal wird besonders deutlich, weshalb die Steiermark „grüne Mark von Österreich" heißt. Mindestens zwei Tage sollte man reservieren, um landschaftliche Schönheiten wie den Naturpark Grebenzen zu genießen – und ein viele Jahrhunderte umfassendes Kulturerbe. Hier, an alten Handelswegen durch die Ostalpen, vibrierten Umschlagplätze wie Judenburg, Oberwölz und Neumarkt, heute reizende, immer noch mittelalterlich geprägte Städtchen. Bergwerke förderten den Wohlstand, etwa in Oberzeiring. Selbstredend wetteiferten in solch reizvoller Natur auch die Klöster in ihrer Prachtentfaltung: Seckau und St. Lambrecht wurden von Künstlern ausstaffiert, die untrennbar mit dem Murtal verbunden sind.

St. Marein und *Stift Seckau

In *Leoben* (s. S. 52) beginnt die Reise durch das obere Murtal. Bald zeigt sich über dem Nordufer der Mur, in **St. Marein bei Knittelfeld** (1200 Einw., 27 km), ein gotisches Juwel: die zweischiffige Hallenkirche *St. Marein.* Zu Recht stolz auf sein 1437 begonnenes Werk, verewigte sich ihr Baumeister, der Admonter Niklas Velbacher, in der Vorhalle mit einer Büste. Verkehr und Umtrieb der Hammerwerke vertrieben die Augustiner-Chorherren, kaum dass sie 1140 ihre Zelte aufgeschlagen hatten. Entnervt zogen sie ein Seitental weiter. Dort bauten sie ab 1143 ***Stift Seckau** (38 km). Die romanische Basilika imponiert schon durch ihre Größe. Wuchtige Säulen stützen die Wände des Mittelschiffs, das der Spätgotik ein herrliches Netzrippengewölbe verdankt. An der Südwand inszenieren Fresken im romanischen Zackenstil das Leben Johannes des Täufers. Die Zeugnisse künstlerischen Könnens waren jedoch bedroht, als Kaiser Joseph II. 1782 im Zuge der Säkularisation das Stift auflösen ließ. Beuroner Benediktiner übernahmen 100 Jahre später das dem Verfall preisgegebene Anwesen. Sie gaben der Kirche ihre frühmittelalterliche Grundstimmung zurück. Aus dem Rahmen fällt nur das Grabmal von Erzherzog Karl II., ein Meisterstück des österreichischen Frühbarock. Herbert Boeckl warf 1952 bis 1960 die „Apokalypse" an die Wände der Engelskapelle – mit solch kräftigen Farben und kühnem Strich, dass der Seckauer Bischof den Freskenzyklus zunächst schamhaft verhängen ließ. Inzwischen ist Seckau stolz, eines von Österreichs wichtigsten modernen Kunstwerken zu besitzen. (Führungen So 11.45 und 14.45 Uhr, ☎ 0 35 14/52 34.)

In der Destillerie des Stiftes kann man beobachten, wie Schnaps aus Obst, Wurzeln und Kräutern produziert wird, man kann verkosten und kaufen.

Hofwirt, Seckau 3, ☎ (0 35 14) 56 45-0, Fax 56 45-15. Barockes Hotelrestaurant, gemanagt vom Stift. Speis und Trank belegen, dass die Benediktiner keine Kostverächter sind. (S)

Heißer Reifen

Bei Spielberg können Sie auf dem **Österreichring** die Renntauglichkeit Ihres Wagens und Ihre Fahrkünste testen, Schleuderkurse absolvieren, Go-Kart fahren und bei Autorennen – sogar Formel I – mitfiebern (☎ 0 35 77/7 53 u. 2 55 53).

Fohnsdorf

Aus örtlichem Sandstein erbaut: Stift Seckau

Umrundet man ab Seckau den Tremmelberg, geht es am Westhang dem Flussbett des Ingering entlang zurück zum Aichfeld, dem weiten Becken der Mur. Seine Einkommensquelle war einst der Kohlebergbau, den man in Fohnsdorf (9600 Einw., 60 km) ab dem 17. Jh. betrieb. 1978 machte Europas tiefstes Braunkohlebergwerk dicht, aber nicht für Besucher: Als **Montanmuseum** veranschaulicht es die Geschichte des Kohleabbaus ab 1885, dem Baujahr des ersten Förderschachtturms, und die Arbeit unter Tage (🕓 Mai–Okt. tgl. 9 bis 17 Uhr, ☎ 0 35 73/46 47, 20 14, 23 05).

3

Seite 41

Judenburg

Schon zur Römerzeit trafen sich hier Handelsrouten aus allen Himmelsrichtungen; die wichtigste verband Venedig und das Donautal. Der Erfolg der Kaufleute beförderte Judenburg im 13. Jh. zur Stadt (10 700 Einw., 64 km), die auf einer von der Mur und dem Purbach umspülten Felsterrasse ausgebaut wurde. Sie war so bedeutend, dass sie im 14. Jh. als erste im Alpenraum eine Goldmünze prägen durfte: den Judenburger Gulden. Damals wie heute war Kapital nicht immer flüssig und schon gar nicht umsonst zu haben. Da die Kirche den Christen Geldverleih gegen Zins verbot, deckten Juden den Bedarf des Marktes ab. Der Stadtname zeugt von Größe und Einfluss der jüdischen Gemeinde, die 1496 im Zuge des landesweiten Pogroms aus der Steiermark vertrieben wurde. Wo Geld fließt, blühen Architektur und Kunst. Vom Bürgerstolz kündet der 1449 errichtete **Stadtturm.** Die Stadtpfarrkirche **St. Nikolaus** wurde mehrmals umgebaut. Ihre „Schöne Madonna“ (1420) dürfte der weit über die Steiermark hinaus bekannte Hans von Judenburg geschaffen haben. Balthasar Prandstätter, ein vor allem im obersteirischen Raum

Gute Unterhaltung in Judenburg

tätiger Judenburger Barockkünstler, beteiligte sich mit zwölf großen Figuren. (Kirche und Stadtturm ⌚ Mai–Juni Fr bis So 10–18 Uhr, Juli–Sept. tgl. 10–18 Uhr, Okt. Fr–So 10–17 Uhr.) Viele Statuen hat Prandstätter auch für die **Magdalenenkirche** jenseits der Mur geschnitzt; farbenfrohe gotische Glasfenster prägen die Atmosphäre dieses Gotteshauses, die Freskenreste zählen zu seinen ältesten Kunstschätzen. Dass man schon im 3. Jahrtausend v. Chr. Sinn für das Schöne hatte, beweist der hier geborgene bronzene Kultwagen aus der Hallstattzeit (s. S. 15). Ein Abguss steht im **Stadtmuseum** (Kaserngasse 27, ⌚ Mo–Fr 9–12 Uhr).

3
Seite 41

Östlich von Judenburg umrundet die B 77 den Liechtensteinberg, um zur spätgotischen **Wallfahrtskirche Maria Buch** vorzustoßen. Maria Bucher Marmor, eine geäderte Kalkeinlagerung im Gneis und Schiefer der Seetaler Alpen, lieferte ihr Baumaterial.

Rathaus, Hauptplatz 1, ☎ (0 35 72) 8 50 00, FAX 83 14 12 22.

Hotel Schloss Gabelhofen, Schlossgasse 54, Wasendorf, ☎ (0 35 73) 55 55-0, FAX 55 55-6. Dinieren im gotischen Säulensaal, nächtigen in der Fürstensuite. $$

Jugend- und Familiengästehaus, Kaserngasse 22, ☎ (0 35 72) 8 73 55, FAX 8 73 55-88. Im ehemaligen Jesuitenkloster des 17. Jhs. $

Gasthof Eibensteiner „Bräuer", Stubalpenstr. 34, Weißkirchen, ☎ (0 35 77) 8 21 16, FAX 8 28 42. Gaststube mit Kachelofen, gut ausgestattete Zimmer. Küche $$, Zimmer $

Abstecher

Die Judenburger scheffelten Geld auch durch Anteile an Minen wie dem großen Silberbergwerk in **Oberzeiring** (1000 Einw., 17 km). Diese Einnahmequelle versiegte jäh, als 1361 ein Wassereinbruch die Stollen überflutete. Nach 1950 wurde hier ein *Schaubergwerk* eingerichtet, um etwas Geld in die Gemeindekasse fließen zu lassen. Ein Glücksgriff! Denn Besucher mit Atemwegserkrankungen verspürten nach Führungen auffällige Linderung. Seither herrscht in Oberzeiring Kurbetrieb. (⌚ April–Okt. einstündige Führungen um 9.45, 11, 14, 15 und 16 Uhr, Nov. bis März nur nach Anmeldung, ☎ 0 35 71/23 87, 28 11-0.)

Die von Stollen durchzogene Bergwelt des oberen Murtals ist der Schauplatz von Eric Amblers spannendem Thriller „Mit der Zeit" (Diogenes-Verlag).

Im *Lachtal* (29 km) wächst der Speik, dessen als Heilmittel und Parfümessenz verwandte Wurzel ein Exporthit der Judenburger war. Schon im Mittelalter dezimierte sich der Bestand der heute streng geschützten Pflanze bedrohlich. Doch das Lachtal hat längst andere Einnahmequellen. Skifahrer und Wanderer schätzen es, und auch für * **Oberwölz** (1000 Einw., 36 km) haben sie allerhand übrig. Die kleinste Stadt der Steiermark, einst ein wichtiger Handelsplatz, erinnert an die Kulisse von mittelalterlichen Bildern. Ihre *Stadtmauer* ist weitgehend erhalten. Daran, dass Oberwölz 1007 bis 1807 dem Bistum Freising gehörte, erinnert am westlichen Hintereggertor das Wappen des Bischofs Nicodemus della Scala. Unter diesem Kirchenmann wurde die *Sigmundskirche* errichtet. Der Grundriss folgt mit Doppelknick dem Saum des Hauptplatzes, während die spätgotischen Bau- und Schmuckelemente den Einfluss der berühmten Familie Parler verraten, die u. a. am Prager Veitsdom wirkte. Als spätromanische Pfeilerbasilika entstand die benachbarte *Stadtpfarrkirche*. Gründliches barockes Lifting mit Schönheitspflastern wie Joseph Adam von Mölcks Wandmalereien und Balthasar Prandstätters Pfeileraltären vertuscht ihr Alter.

Waldcampingplatz, ☏ (0 35 81) 22 08, FAX 82 08-4. Lagerplatz neben Schloss Rothenfels, das romantisch über dem Städtchen thront.

Unzmarkt ist mit dem Namen eines großen Minnesängers eng verbunden

3

Seite 41

Unzmarkt

Oberhalb des Ortes (1600 Einw., 80 km) baute sich Ulrich von Liechtenstein, der Minnesänger, Truchsess und oberste Landrichter der Steiermark, 1248 eine stattliche Burg. Nach seinen Hauptwerken „Frauendienst" und „Frauenbuch" (s. S. 16) nannte er sie **Frauenburg** und weilte hier weitaus lieber als in seinem Stammsitz Judenburg. Die im Lauf der Zeit erweiterten Gemäuer verkamen im 19. Jh. zur Ruine. Aus Ulrichs Tagen stammt ihr Kern, der turmartige Palas, und wohl auch die später barockisierte **Pfarrkirche** im Ort. Ihren Hochaltar fertigte Balthasar Prandstätter, den lebensgroßen Christus an der Geißelsäule ein unbekannter Meister. Die Kirche bewahrt den Wappengrabstein des Dichterenkels Ulrich III. von Liechtenstein, dessen Aufschrift die älteste erhaltene deutsche Grabinschrift (um 1280) ist.

Im Naturpark Grebenzen

Tipp Von Unzmarkt zuckelt seit 1894 die Murtalbahn (s. S. 60) auf schmaler Spur nach Tamsweg im Salzburger Land. Viele Stationsgebäude entstammen der Gründerzeit.

Naturpark Grebenzen

Über Scheifling und den Perchauer Sattel gelangt man nach **Neumarkt** (1900 Einw., 99 km), Drehscheibe des Erholungs- und Wandergebiets **Naturpark Grebenzen,** das der Grebenzen (1870 m) im Südwesten und die – im Zirbitzkogel (2396 m) gipfelnden – Seetaler Alpen im Osten einrahmen. Von der mit dem Auto erreichbaren

Die Zwillingstürme des Benediktinerstifts St. Lambrecht

Tonnerhütte aus hat man nach leichtem fünfstündigem Aufstieg den Gipfel erreicht und herrliche Sicht auf die Region und die weiten Zirbenwälder (s. S. 9) an seinen Abhängen und Ausläufern. Nach der seltenen Pflanze (s. S. 56) ist der benachbarte Speikkogel benannt. Wie von einem himmlischen Gartenarchitekten geplant, präsentiert der Park seine Details: die Graggerschlucht mit den Kaskaden bei St. Marein, die Quelltöpfe nahe Zeutschach, die artenreiche Flora des Dürnberger Latschenhochmoors oberhalb von Mariahof, die Schachthöhlen des Wilden Lochs am Grebenzen ... Die meisten Attraktionen sind leicht und auch mit Kindern erreichbar. Unterwegs sichtet man Drahtesel, Reitpferde und anderes Getier. Am **Furtner Teich** (100 km) rasten z. B. rund 250 Zugvogelarten, darunter Seidenreiher, Fischadler und der Mornellregenpfeifer, ein Bewohner der finnischen Tundra. Am Ufer nisten 50 Vogelarten unverdrossen, obwohl im Sommer Badelustige und Ruderboote das Wasser durchpflügen, Sonnenanbeter und Fischer um die stillen Plätze am Teichrand konkurrieren. Vögel faszinierten auch Pater Blasius Hanf. Eine Besuchern geöffnete vogelkundliche Forschungsstätte ist nach diesem leidenschaftlichen Ornithologen des 19. Jhs. benannt.

3
Seite 41

i Tourismusverband Naturpark Grebenzen, Alte Volksschule, Neumarkt, ☏ (0 35 84) 20 05, FAX 21 26.

Mariahof.

*St. Lambrecht

Pater Blasius vermachte seine Kollektion von 2000 präparierten Vögeln seinem Kloster St. Lambrecht (113 km). Das berühmte Benediktinerstift liegt im gleichnamigen Ort am Nordwestrand des Naturparks. Die Eppensteiner gründeten es vor 1076. Herzog Heinrich III. von Kärnten sorgte für kaiserliche und päpstliche Protektion, die St. Lambrecht rasch zur mächtigen Glaubensburg beförderte. Da die Abtei unmittelbar dem Papst unterstellt war, lag den Äbten ebenso an Repräsentation wie den Salzburger und Seckauer Bischöfen. Nach dem Einsturz der romanischen Basilika wurde eine dreischiffige gotische Hallenkirche (1327 bis 1421) errichtet. Einige ihrer in den 70er Jahren freigelegten Freskenreste wurden in der zweiten Hälfte des 14. Jhs. angefertigt, so der Christophorus und die dreiteilige Hierarchie der Weisheit mit Salomo, Maria und Christus.

St. Peter westlich der Abtei, einst Kirche des 1427 installierten Spitals, besticht durch stimmungsvolles Interieur mit Preziosen wie dem Abendmahlsaltar (1520–1530) aus einer Villacher Werkstatt und zwei aus spätgotischen Teilen komponierten Altären. Vom Schloss, der Residenz der Äbte, ist die **Schlosskapelle** (um 1400) mit dem geschnitzten Marienkrönungsaltar (1520 bis 1523), ebenfalls aus einer Villacher Werkstatt, bewahrt. Die Schätze der Kirchen und der Stiftssammlung belegen, dass das obere Murtal eine Hochburg spätgotischer Kunst war.

Das Kloster beschäftigte Spitzenkünstler wie Domenico Sciassia. Es engagierte den durch den Bau von Stift Göttweig renommierten Graubündener Baumeister 1639 mit dem außergewöhnlichen Jahresgehalt von 300 Gulden. Sciassia beschränkte sich bei der Barockisierung der Stiftskirche auf Innen- und Fassadendekor. Den beiden romanischen Türmen setzte er Zwiebeln mit Laternen auf, dazwischen ein von der Renaissance inspiriertes Portal. Die **Stiftsgebäude** zog er klar strukturiert neu auf. Original erhaltener Putz gliedert ihre Wände in Felder. Stuckaturen und Fresken schmücken besonders reich den Kaiser- (1645) und den Prälatensaal (1739). Der südliche Gäste- und Prälaturtrakt hütet die wertvollen *Sammlungen* zu Kunst, Volks- und Naturkunde. Im Sommer belebt Konzertpublikum die Säle. (🕓 Mitte Mai bis Mitte Okt. Führungen Mo–Sa 10.45 und 14.30 Uhr, So 14.30 Uhr.)

In der **Handweberei Mayer,** Mühldorf 41, St. Marein bei Neumarkt, wird Leinen und Schafwolle in alten Mustern verarbeitet.

*Murau

Murau (2500 Einw., 128 km), gegründet von Ulrich von Liechtenstein (s. S. 16, 57), zeigt sich von einer besonders malerischen Seite. Häuser mit Holzerkern und -balkonen säumen das Ufer. Darüber thront **Schloss Obermurau.** Es ersetzte im 17. Jh. die Liechtensteinsche Burg. Die Witwe des letzten Liechtensteiners heiratete mit 82 Jahren in sechster Ehe den jungen Reichsgrafen Georg Ludwig zu Schwarzenberg. So ist das Schloss heute Familienbesitz der Schwarzenberger und nur im Rahmen von Führungen zu besichtigen (🕓 Mitte Juni bis Mitte Okt. Mi 15, Fr 10 Uhr).

Die Luftgitterfenster der Scheunen lassen die Luft an Heu und Getreide, nicht aber den Regen

3

Seite 41

Auf halber Höhe des Schlossbergs vereint die **Stadtpfarrkirche** (1284–1333) mit wuchtigen, ungegliederten Formen wie den achteckigen Pfeilern Romanik und Frühgotik. Ihre Fresken (14. Jh.) sind größtenteils erhalten. Auf gleicher Höhe bezeugt am anderen Ufer die **Leonhardskirche** (um 1445) die verfeinerte Ästhetik der Spätgotik. Grazile Formgebung und Ornamentik machen den hohen Kirchenraum zum architektonischen Kleinod. In der östlichen, einst vor der Stadt gelegenen Friedhofskirche **St. Anna** bezaubern besonders schöne Fresken (15./16 Jh.), so am Chorbogen die Illustration des Stammbaums Christi.

Häuserensemble in Murau

Im Kapuzinerkloster klärt das **Heimatmuseum** über Muraus Werdegang auf und informiert auch über die bis ins 19. Jh. lukrative Eisenverarbeitung. Wo viel geschmiedet wird, ist auch immer Nachfrage an Brennstoff. Und tatsächlich spielt die Holzwirtschaft bis heute eine wichtige Rolle.

In Murau wird ein hervorragendes Bier gebraut

3

Seite 41

Tipp Wer die Region auf der weit verzweigten **Holzstraße** durchfährt oder durchwandert, dem bringen Bauten, Skulpturen, Waldlehrpfade und die Bildhauerwerkstatt Johann Leitners (in St. Peter am Kammersberg, Anmeldung beim Informationsbüro, s. u.) den Wert des Holzes für Umwelt, Handwerk und Industrie näher. Im Zentrum der Holzstraße liegt das Holzmuseum in St. Ruprecht (s. S. 61).

Von den Qualitäten einer weiteren Spezialität, dem Murauer Bier, dürfen Sie sich praktisch in allen Gaststätten, theoretisch im **Biermuseum** von Murau überzeugen (⌚ Juni–Sept. Mi und Fr 13–17 Uhr).

i Informationsbüro, Am Bahnhof, ☎ Fax (0 35 32) 27 20.

Murauer Gasthof Lercher, Schwarzenbergstr. 10, ☎ (0 35 32) 24 31, Fax 36 94. Die Nummer eins unter Muraus Traditionshotels, rundum erneuert und auf schmackhafte österreichische Küche spezialisiert. $$

Gasthof Wallner, Steirisch Laßnitz 34, ☎ (0 35 32) 24 61, Fax 24 61-4. Im ruhigen Laßnitz an der Straße nach St. Lambrecht, 7,5 km südlich von Murau. Gemütlich, Ermäßigung für Kinder, regionale Küche. $

Rahmhube, Stolzalpe 24, ☎ (0 35 32) 25 08, Fax 25 08-11. Gepriesenes Lokal hoch über Murau. Restaurant $$$, Zimmer $

Gasthof Ferner „Gassenhube", Roseggerstr. 9, ☎ (0 35 32) 23 18, Fax 23 18-5. Traditionsreiches Haus im Grünen am Ortsrand Richtung Ranten. Gastgarten, täglich wechselnde Speisekarte, gut ausgestattete Zimmer. $$

Tipp Das obere Murtal lässt sich von Murau auf vielerlei Weisen erkunden: bequem mit den modernen, regelmäßig pendelnden Triebwagen der **Murtalbahn,** nostalgisch in deren Salonwagen beim 90-minütigen Trip im Dampflok-Schlepptau (Juli–Mitte Sept. Di 13.35 Uhr, Mitte Juli–Mitte Aug. auch Sa 13.35 Uhr, Amateurlokfahrtage Juli, Aug. Do 9–13 Uhr, ☎ 0 35 32/22 31-0, 22 33), etwas anstrengend, aber gesund auf

Der Riese Samson

Blasmusik kündigt ihr Kommen an. Mit großen Augen schaut die über 5 m hohe Figur mehr treuherzig als Furcht erregend in die Runde. Dabei stellt sie doch den schrecklichen Riesen Samson dar, der mit dem Kieferknochen eines Esels die Philister zu Hunderten erschlug. Gibt es denn solche im oberen Murtal? Hier jedenfalls hat die biblische Gestalt neue Aufgaben erhalten. Am Oswaldisonntag (dem ersten Sonntag im August) zieht der Samson durch die Krakau, am 15. August beim Stadtfest durch Murau. Immer wieder wagt er ein Tänzchen – eine beachtliche, schweißtreibende Leistung des Trägers, der im Innern der über 80 kg schweren Figur steckt.

Die Bedeutung dieses Brauchs verliert sich im Dunkel der Geschichte. Vielleicht ging er aus einem Ritus zum Schutz vor Ernteschäden hervor: Schon in heidnischer Zeit könnte beim Flurumgang eine Figur mitgetragen worden sein. Oder die katholische Kirche führte ihn bei einem Fest während der Gegenreformationszeit ein, als sie zu Propagandazwecken viel für die Volksbelustigung tat. Mündlich überliefert ist die Sage, dass der Riese als Symbol der Stärke auf die Tage zurückgeht, als Napoleon mit seinen Truppen durch die Steiermark zog. Darauf deuten auch die schmucken Uniformen der Garde hin, die den Samson mit Musik und Schüssen aus den Vorderladern begleitet.

300 km markierten Mountainbike-Routen, gemütlicher auf dem Mur-Radweg von der Quelle des Flusses bis Bad Radkersburg. Adrenalin schießt bei Schlauchbootfahrten ins Blut (Murtal-Rafting, ☎ 0 35 34/22 37).

Westlich von Murau

Noch etwas Abwechslung, bevor sich die Route dem Ende zuneigt? **Schöder** (1100 Einw., 140 km) am Sölkpass offeriert im Juli und August Ausritte auf alten Saumpfaden und Kutschfahrten, etwa zum 7,5 km entfernten Günster Wasserfall, der in einer Klamm 65 m hinabschießt (☎ 0 35 36/71 94).

Die angrenzende Hochebene *Krakau* zählt seit der TV-Serie „Die Leute von St. Benedikt“ zwar mehr Touristen, ist aber immer noch ein eher verschwiegenes Wanderparadies. Auch kleine Perlen der Kunst sind darin verstreut: zum Beispiel die *Pfarrkirche* von **Krakaudorf** (650 Einw., 147 km) mit gotischer Kassettendecke und Fresken im saalähnlichen Schiff sowie die spätgotische *Ulrichskirche* von **Krakauhintermühlen** (152 km) mit von Schablonenmalerei verzierten Holzbalken.

Südlich des Ortes liegt der kleine *Schattensee,* im Sommer an vielen Wochenenden Schauplatz des kuriosen Wasserscheibenschießens, bei dem nicht direkt auf die Holzscheiben, sondern auf deren Spiegelbild im Wasser gezielt wird. Auch am *Preber-See,* 10 km weiter, pflegt man diesen Brauch.

In **St. Ruprecht ob Murau** (350 Einw., 196 km) informiert das *Holzmuseum* über den Lebensraum Wald und die traditionelle wie moderne Holzwirtschaft und -verarbeitung. Der Holzspielplatz, Bastel- und Spieltage begeistern auch Kinder für das Thema (🕓 April–Juni, Sept.–Okt. tgl. 9 bis 16 Uhr, Juli–August 9–17 Uhr, Mi Basteltag, Do Spieltag, ☎ 0 35 34/22 02).

Und noch einmal Holz: Bei **St. Georgen ob Murau** (1500 Einw., 202 km) steht Europas größte Holzbrücke.

Der Lokführer der Murtalbahn

In der Krakau

Im Holzmuseum von St. Ruprecht darf auch gespielt werden

3

Seite 41

Route 4

Wallfahrt in die Waldheimat

** Graz – Weiz – Krieglach –
** Mariazell – (* Salzatal –)
Kapfenberg – ** Graz (274 km)

Auf der folgenden Route sollten Sie zunächst aus dem Obstkorb der Steiermark naschen, bevor Sie zwei Pilgerstätten aufsuchen: die Waldheimat des steirischen Schriftstellers Peter Rosegger und Mariazell, den berühmten Wallfahrtsort im Bergland östlich des Hochschwabmassivs. Wer sich drei Tage nimmt, hat genügend Zeit zum Wandern und Schauen.

4

Seite 69

Auf dem Obstweg Richtung Waldheimat

Graz hinter sich lassend, kommt man an *Maria Trost* (s. S. 37) vorbei, bevor sanfte Hügel mit Obstplantagen die Straße nach **Weiz** (8500 Einw., 29 km) begleiten. Der Ort zeigte sich früh auf der Höhe der Zeit: 1188 wurde die *Taborkirche* am Hauptplatz dem hl. Thomas von Canterbury geweiht – nur 18 Jahre nach dem Tod und 15 Jahre nach der Heiligsprechung des englischen Lordkanzlers und Erzbischofs Thomas Becket. Das Hochaltarbild (1771) von Joseph Adam von Mölck zeigt den Heiligen im Himmel über Weiz. Die Freskenausstattung stammt noch aus dem 14. Jh. Die Befestigung zeugt davon, dass Kirchen in früheren Zeiten oft auch als Fliehburgen dienten.

Unweit der Kirche erstreckt sich in nördlicher Richtung entlang der Klamm- und Elinstraße das älteste *Elektrizitätswerk* der Habsburgermonarchie. 1892 vom Weizer Franz Pichler errichtet und seit 1908 mit den Wiener ELIN-Werken fusioniert, ist es heute noch größter Arbeitgeber der Stadt. Seine teils erhaltene alte Bausubstanz wurde zum Industriedenkmal erklärt. Auf dem Weizberg im Westen ragt weithin sichtbar die *Wallfahrtskirche zur Schmerzhaften Maria* auf. Joseph Hueber schuf 1757–1758 den heutigen Bau, aus dem die Altarbilder und illusionistischen Wandmalereien des Joseph Adam von Mölck und Veit Königers Altarbauten um 1771 ein spätbarockes Gesamtkunstwerk machten.

Tipp Die Etappe bis Birkfeld lässt sich wahlweise geruhsam mit der **Feistritztalbahn** zurücklegen – vorausgesetzt, der Fahrplan passt ins Konzept. Die Dampflok schnaubt, Gründerzeit-Waggons im Schlepptau, durch Tunnels, über Viadukte und Brücken 25 km durch das Feistritztal (Abfahrt in Weiz im Sommer Mi 13.10, Do 11.35 und 16.40, So 11 Uhr, ☏ 0 31 72/2 23 00).

Puch (45 km), der Hauptort der *Steirischen Apfelstraße*, liegt inmitten eines weiten Apfelanbaugebiets. Im Ortsteil Harl dokumentiert das *Haus des Apfels* anschaulich traditionelle Anbau- und Verarbeitungsmethoden, Lagerhaltung und Vermarktung der Frucht, aber auch Hagelabwehr und Korbflechttechniken. Im Garten hinter dem Gebäude gedeihen alte Apfelsorten. Wem das immer noch zu unsinnlich ist, der kann das vitaminreiche Obst in der Mostschank flüssig genießen – als Saft, Most oder Edelbrand (☏ 0 31 77/31 17).

Autofahrern sei zu Apfelsaft geraten, denn der Weg führt nun immer kurvenreicher über *Birkfeld* (63 km) in die Fischbacher Alpen. Der dichte Mischwald macht verständlich, weshalb Peter Rosegger diese Landschaft Waldheimat nannte. Sein Lieblingskirchlein in *St. Kathrein am Hauenstein* muss sich über die Bäume recken, um auf sich aufmerksam zu machen.

Blick in die Waldheimat vom Kluppeneggerhof aus

Die Waldheimat

In **Alpl** (87 km) wurden bis 1975 Kinder der umliegenden Bergbauernhöfe in der *Waldschule* unterrichtet. Die 1902 dank Roseggers Initiative erbaute Schule ist heute ein nettes, kleines Museum (🕓 26. Dez. bis 8. Jan., 1.–28. Feb. Di–So 10–16 Uhr; April–Okt. Di–So 9–17 Uhr). In ein Museum wurde auch das Geburtshaus des Dichters verwandelt, der *Kluppeneggerhof* oberhalb von Alpl. Die Wirtschaftsgebäude liefern ein gutes Beispiel einer Haufenhofanlage sowie des sehr harten, kargen, aber wohl organisierten Arbeits- und Lebensalltags der Bergbauern. Die gut dokumentierte Kindheit des Dichters wird in geradezu anrührender Weise lebendig: Welche Zufriedenheit schöpfte er aus der Natur, trotz bedrückender Armut. Dass diese innere Balance ein ganzes Leben vorhielt, lässt sich in seinem Werk gut verfolgen. (🕓 April–Okt. tgl. 9–17 Uhr, Nov.–März tgl. 11 bis 16 Uhr.) Eine hübsche Rosenkranzkapelle steht im einige Kilometer entfernten *Ratten*.

Seite 69

Der Schöpfer der Waldheimat

Peter Rosegger – dieser Name erinnert die einen dunkel an die Schulpflichtlektüre „Als ich noch der Waldbauernbub war". Die Jüngeren fragen: „Rosegger? Wer war das?"

Die Antwort fällt nicht leicht. Denn zu vielschichtig ist Roseggers Persönlichkeit. Und zu wenig wird ihm das Klischee des Heimatdichters gerecht, der seine behütete Kindheit auf dem Kluppeneggerhof verklärte, in dem er am 31. Juli 1843 geboren wurde. Den eher schwächlichen Erstgeborenen kam das Bergbauernleben zu hart an. Als Schneidergeselle lernte er auf vierjähriger Stör den Alltag auf anderen steirischen Höfen kennen. Das Glück, Gönner zu finden und sich in Graz ausbilden zu lassen, stellte die Weichen für Roseggers reiches literarisches Schaffen. Mit Distanz und Zuneigung zugleich beschäftigte er sich mit seiner Heimat. So innig er seine Waldheimat liebte – nur über sie schrieb er auf einer Italienreise Gedichte –, so bewusst war er sich der Probleme des Bauernstands, der Folgen der Industrialisierung und Bedrohung der Natur. In seiner 1876 gegründeten, sehr erfolgreichen Zeitschrift „Heimgarten" griff er Fragen der Zeit auf. Viele dieser Stellungnahmen weisen ihn als weitsichtig, tolerant, sozial engagiert aus und sind unverändert aktuell. 1888 thematisierte er im heftig diskutierten Roman „Jakob der Letzte" (1888) das Bauernsterben. Zwei Jahre später schilderte er im (von Karin Brandauer beeindruckend verfilmten) Roman „Erdsegen" die ganz und gar unromantischen Erfahrungen eines Wiener Aussteigers auf einem Bauernhof. Aber Rosegger war nicht nur ein Meister des Worts: Spendenaufrufe im „Heimgarten" finanzierten die evangelische Kirche in Mürzzuschlag, den Wiederaufbau der katholischen Kirche St. Kathrein am Hauenstein, die Schule in Alpl, Fürsorgeeinrichtungen für behinderte Kinder und den Deutschunterricht in grenznahen Schulen. Letztgenannte Aktion, als deutschnational ausgelegt, kostete ihn vermutlich den Nobelpreis, für den er zweimal vorgeschlagen wurde.

Am 26. Juni 1918 starb Rosegger in seinem Landhaus in Krieglach. Die Vereinnahmung seines Werks durch jene, die Scholle, Blut und Fahne verherrlichten, musste er nicht mehr erleben. Sein mit Ausstellungen und vielen Veranstaltungen aufwendig begangener 150. Geburtstag 1993 hat gezeigt, wie spannend die Auseinandersetzung mit Person und Werk ist, und zudem Hunderttausende in seine geliebte Waldheimat geführt.

In **Krieglach** (5200 Einw., 98 km) steht *Roseggers Landhaus*. Der Schriftsteller ließ es erbauen, nachdem er in Graz zu Ruhm gekommen war – aber von seiner Heimat nicht lassen konnte. Hier verbrachte er mit seiner Familie die Sommermonate. Sein Arbeits- und Sterbezimmer sind original eingerichtet, die übrigen Räume dokumentieren das Werk und die Zeit, in der er lebte (🕓 April–Okt. Di–So 9–17 Uhr, Nov. bis März Di–So 9–16 Uhr). Auf dem Friedhof fand Rosegger seine letzte Ruhe.

Tourismusverband, Am Hauptplatz, ☎ (0 38 55) 24 04, FAX 32 52.

Waldheimathof, Alpl 4, ☎ (0 38 55) 82 51, FAX 82 54. Alter Gasthof mit original eingerichteter Gaststube von 1831, drum herum ein Hoteldorf für sportliche Familien. $$)

Berggasthof Annerlbauer, Malleisten 15, Krieglach, ☎ (0 38 55) 22 28, FAX 22 28-20. Mit Kinderprogramm, Streichelzoo und Spielplatz, gelegen auf sonniger Anhöhe. $

Gasthof zur Alten Post, Grazer Str. 27, Krieglach, ☎ (0 38 55) 23 62. Im 17. Jh. als Poststation erbaut und sogar von Kaiserin Maria Theresia besucht. Schöner Gastgarten, steirische Küche. $

Rosenkranzkapelle in Ratten

Auf dem Kluppeneggerhof

Mürzzuschlag

„Es ist doch gar zu schön hier!" Die Tourismusmanager von Mürzzuschlag (10 000 Einw., 109 km) sind Johannes Brahms noch heute für seinen absichtslosen Werbeslogan dankbar. Die Stadt hat sich gebührend revanchiert: Sie verwandelte das Haus in der Wiener Straße 4, in dem Brahms in den Sommern 1884 und 1885 seine Vierte Symphonie schuf, in ein **Museum** zu seinen Ehren

Roseggers Geschenk an die Kinder: die Waldschule in Alpl

4

Seite 69

Pioniere des Skisports

Max Kleinoscheg und Toni Schruf. Nie gehört? Dann schauen Sie in das **Wintersportmuseum** von Mürzzuschlag. Die Dokumentation zur Entwicklung des Wintersports klärt unterhaltsam darüber auf, dass der Skilauf dank dieser beiden Pioniere von Mürzzuschlag aus seinen internationalen Siegeszug angetreten hat (🕓 Di–So 9–12, 14–17 Uhr).

(🕓 Mai–Okt. tgl. 10–12, 14 bis 18 Uhr; Nov bis April tgl. 14–18 Uhr). Und da der Komponist Spaziergänge liebte, entführt von dort der 4,5 km lange **Brahmsweg** in die schöne Umgebung. Auch Rosegger bummelte hier, kehrte dann in der **Alten Ratsburg** ein und dichtete; folglich ist darin ein holzgetäfeltes Rosegger-Stüberl mit Dichter-Erker als hübsche Gedenkstätte gestaltet (🕓 Mo–Sa 9–18 Uhr).

4
Seite 69

Neuberg

Die Zisterzienser haben die strengen Bauregeln ihres Ordens treu befolgt, als sie in Neuberg (1700 Einw., 121 km) 1327–1496 die ***Stiftskirche Mariä Himmelfahrt** errichteten: ohne Zierat und Turm, nur mit dem erlaubten kleinen Dachreiter. Und doch unterläuft der Bau das Gebot der Bescheidenheit. Sein mächtiger gotischer Dachstuhl lässt schon von weitem das großartige Raumerlebnis des Innern ahnen. Bei Betreten der lichtdurchfluteten, dreischiffigen Hallenkirche mit hohem Kreuzrippengewölbe nimmt der Eindruck himmelstrebender Luftigkeit gefangen. Angesichts der Schönheit, die allein von Gliederung und Material ausgeht, erfasst das Auge erst allmählich die Details: den Hochaltar schwäbischer Meister (1611–1612), an der Nordwand die „Schwalbennest“ genannte Empore, die früher die Orgel trug. Die steinerne „Neuberger Madonna“ (14. Jh.) zierte die Westfassade, ehe man ihr einen Altar an der Südwand errichtete. Im Ostflügel des *Kreuzgangs* zeigen die Konsolen der Kreuzrippen Tiere und Fabelwesen des „Physiologus“, eines im Mittelalter sehr verbreiteten (vermutlich im 2. Jh. verfassten) Buchs theologisch gedeuteter Naturbeschreibungen.

Tipp Jedes Jahr in der zweiten Julihälfte sind die historischen Gebäude des Zisterzienserklosters stimmungsvolle Bühne der *Internationalen Neuberger Kulturtage*, an denen Konzerte von Klassik bis Jazz zu hören sind.

Gesundheitshof Neuberg, Hauptstr. 40, ☎ (0 38 57) 86 00, Fax 86 00-600. Etwas für Asketen: Entschlackungskuren in einer Architektur, die Hundertwasser kopiert. ($$)

Gasthof Martin Holzer, Beim Münster, ☎ (0 38 57) 83 32, Fax 83 32-24. Exzellente steirische Kost, dazu Weine aus der in den Kalvarienberg hineingebauten Vinothek ($$). Wer zu lange in den Abend hinein genießt, kann auch ein Zimmer haben ($).

**Mariazell

Mariazell (2000 Einw., 161 km) ist Österreichs bedeutendster Wallfahrtsort. Die Geschichte seiner **Pfarr- und Wallfahrtskirche** begann 1157. Nach der Überlieferung sandte das Stift St. Lambrecht seinen Bruder Magnus zur Seelsorge ins Aflenzer Tal. Der Mönch nahm eine selbst geschnitzte Marienstatue mit und baute ihr eine Zelle aus Holz. Schon um 1200 fand sich der erste der zunehmend honorigen Sponsoren, die das Gebäude zum Dank für Mariens wundersame Hilfe zur Kirche erweiterten: König Ludwig von Ungarn (1326–1382) revanchierte sich für Kriegsglück mit dem Ausbau der romanischen Kapelle zur gotischen Kirche. Kaiser Ferdinand III. (1608 bis 1657) finanzierte den barocken Umbau

Streng und ohne äußeren Schmuck: Stiftskirche in Neuberg

durch Domenico Sciassia. Dieser fand für sein 1644 begonnenes Meisterwerk ungewöhnliche Lösungen. Ob aus Finanznot oder Pietät, er ließ den gotischen Turm unverändert und stellte ihm zwei barocke Türme beiseite. Das Innere wird von der *Gnadenkapelle* in der Kirchenmitte beherrscht. Die Marienfigur auf dem silbernen Gnadenaltar ist zwar von stolzem Alter (Ende 13. Jh.), aber nicht mehr jene des Magnus. Das Kaiserpaar Maria Theresia und Franz Stephan stiftete das silberne Gitter der Kapelle. Weitere exquisite Spenden, vor allem der Habsburger und des Hochadels, füllen die beiden *Schatzkammern*. Das ebenfalls hochverehrte Bild der Muttergottes (1380) ist ein Geschenk König Ludwigs von Ungarn. Dagegen nehmen sich die auf den Emporen ausgestellten Votivbilder der vielen Pilger bescheiden, doch um so rührender aus. Indem sie von Leben und Leid der einfachen Leute erzählen, sind sie wertvolle historische Zeugnisse. Ausdruck frommen Danks war auch die bei Joseph Haydn bestellte „Mariazeller Messe"; die Originalnoten der Orchesterstimmen hat man erst im 20. Jh. im Orgelgehäuse wiedergefunden.

Madonna in der Stiftskirche

Im Ort, in der Wiener Straße 35, beherbergt das fünfstöckige Armenhaus, eine soziale Einrichtung aus dem 17. Jh., heute das mit viel privatem Engagement gestaltete **Heimatmuseum** (Führungen Mai–Sept. Mo–Sa 9.30, Mi auch 19.30 Uhr).

Mariazell pflegt eine kulinarische Tradition: Seit dem 17. Jh. werden hier Lebkuchen gebacken. Im **Mariazellerhof** in der Grazer Straße 10 können Sie (nach Anmeldung im „Goldenen Löwen", Hauptplatz 1a, ☏ 0 38 82/24 44) dem Lebzelter bei der Arbeit zuschauen, naschen, sich die Herstellung von Honigbrand erklären lassen – und einkaufen, versteht sich.

Kitsch, wohin man schaut: Mariazell verdient glänzend an den Wallfahrern

4

Seite 69

Wer einen längeren Aufenthalt plant, findet in Mariazell einen idealen Ausgangspunkt für Wanderungen (u. a. im Hochschwabgebiet) sowie Bade- und Tauchmöglichkeiten am nahen *Erlaufsee*. Dorthin zuckelt die älteste (1884), früher in Wien eingesetzte *Dampfstraßenbahn-Lokomotive* der Welt (Juli bis Sept. Sa und So stündlich 10.30, 11.30, 14.30–16.30 Uhr, ☎ 0 38 82/30 14).

i Tourismusverband Mariazeller Land, Hauptplatz 13, ☎ (0 38 82) 23 66, FAX 39 45.

Schmalspurbahn Gußwerk–St. Pölten.

Hotel Schwarzer Adler, Hauptplatz 1, ☎ (0 38 82) 28 63, FAX 28 63-50. Erstes Haus am Platz mit guten Fischgerichten. $$
Hotel Goldene Krone, Grazer Str. 1, ☎ (0 38 82) 25 83, FAX 25 83-33. Gediegenes Hotel gegenüber der Basilika. $

Brauhaus Mariazell, Wiener Str. 5, ☎ (0 38 82) 2 52 30, FAX 2 52 38. In den alten Stuben wird hausgebrautes Bier ausgeschenkt. Küche $$, Zimmer $

Abstecher nach Wildalpen

Durch das südwestlich von **Gußwerk** (der Name und stattliche Häuser erinnern an die Zeiten der Eisenverarbeitung) wildromantische, von steilen Durchbrüchen geprägte ***Salzatal** paddeln Wildwassersportler aus ganz Europa. Auch mit dem Auto ist der Abstecher auf der B 24 ein Erlebnis. Die Salza bewegt sich entlang des **Hochschwabs*, auf dessen Gipfeln Gemsen und andere Bergfexe turnen.

Ab *Greith* (10 km) steigt die Straße, während sich die Salza tief in Steilabbrüche frisst. Die *Klausschlucht* liegt abseits der Straße; schwindelfreie Wanderer können sie auf Steigen und Stegen von Greith oder *Weichselboden* (19 km) aus erkunden (ca. 2,5 Std.).

4

Seite 69

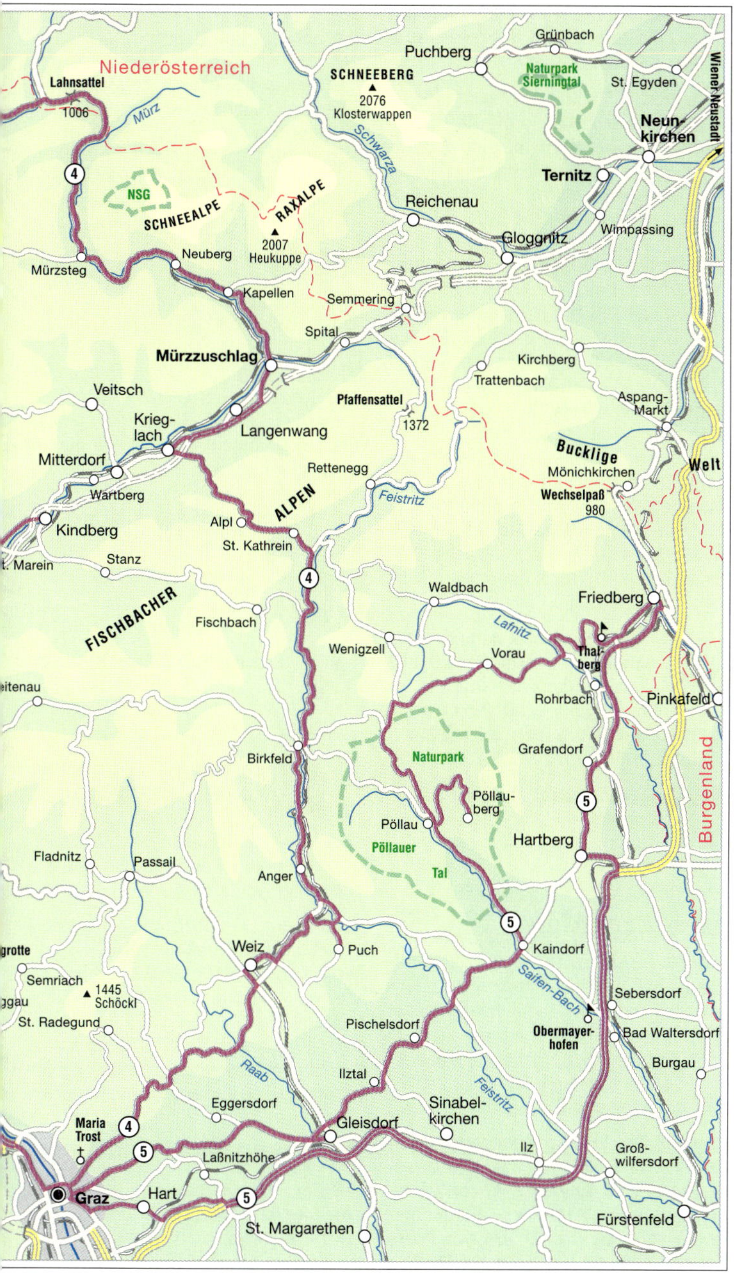
Niederösterreich
Lahnsattel
1006
Mürz
NSG
SCHNEEALPE
RAXALPE
2007
Heukuppe
SCHNEEBERG
2076
Klosterwappen
Schwarza
Puchberg
Grünbach
Naturpark
Sierningtal
St. Egyden
Wiener Neustadt
Neunkirchen
Ternitz
Reichenau
Gloggnitz
Wimpassing
Mürzsteg
Neuberg
Kapellen
Semmering
Spital
Mürzzuschlag
Kirchberg
Trattenbach
Veitsch
Kriegtlach
Langenwang
Pfaffensattel
1372
Aspang-Markt
Bucklige
Welt
Mönichkirchen
Wechselpaß
980
Mitterdorf
Wartberg
Rettenegg
Feistritz
ALPEN
Kindberg
Alpl
St. Kathrein
St. Marein
Stanz
FISCHBACHER
Fischbach
Waldbach
Friedberg
Lafnitz
Wenigzell
Vorau
Thalberg
Rohrbach
Pinkafeld
Birkfeld
Naturpark
Grafendorf
Pöllauberg
Pöllau
Pöllauer
Tal
Hartberg
Burgenland
Fladnitz
Passail
Anger
Weiz
Puch
Kaindorf
Saifen-Bach
Semriach
1445
Schöckl
St. Radegund
Pischelsdorf
Obermayerhofen
Sebersdorf
Bad Waltersdorf
Burgau
Raab
Ilztal
Eggersdorf
Feistritz
Sinabelkirchen
Gleisdorf
Maria Trost
Laßnitzhöhe
Ilz
Großwilfersdorf
Graz
Hart
St. Margarethen
Fürstenfeld
4
5

Zwei Kilometer weiter staut die zum Kraftwerk umgebaute Presceny-Klause (1848) die Salza.

Wildalpen (650 Einw., 37 km) ist ein ausgezeichnetes Basislager für Expeditionen in Bergstiefeln und Kajaks. Sportlern und Naturliebhabern offeriert das *Wildwasserzentrum der Naturfreunde Österreichs* (☎ 0 36 36/4 66) Zimmer ($) und einen Campingplatz am Salza-Ufer. Da die II. Wiener Hochquellenwasserleitung seit 1910 das Hochschwabgebiet für die österreichische Hauptstadt anzapft, haben die Wasserwerke Wien als eine Art Gegenleistung im ehemaligen Haus der Hammerherren (Mitte 17. Jh.) das *Wasserleitungsmuseum* eingerichtet. Es ringt Respekt für die technischen Leistungen der Wasserwirtschaft ab, wobei die Aspekte Natur und Kultur nicht vergessen werden (⏲ Mai–26. Okt. Mo–Fr 10–12, 13–15 Uhr, So 10–12 Uhr, Okt. bis April nach Anmeldung beim Tourismusverband, s. u.).

4

Seite 69

Die Fresken von Johann und Alois Lederwasch treiben Kunstinteressierte in die *Pfarrkirche St. Barbara*, Hunger und Durst viele in den urigen **Salzatalhof** an der B 24 (☎ 0 36 36/2 46, $).

Tourismusverband, Wildalpen 91, ☎ (0 36 36) 3 41, Fax 3 13 oder 3 41.

Zurück zur Mürz

Südlich von Mariazell beginnt in *Gollrad* die Steigung zum Seebergsattel. An dessen Nordflanke liegt der **Brandhof** (182 km). Erzherzog Johann erwarb 1818 das Anwesen. Er ließ es 1822 zu einem Mustergut und das Wohngebäude zum Herrenhaus ausbauen.

In **Graßnitz** (197 km) tauchen große Lauscher auf, Vermittler zu den Satelliten. Die *Erdefunkstelle Aflenz* ist ein preisgekröntes Werk des renommierten Wiener Architekten Gustav Peichl (⏲ tgl. 9–17 Uhr, ☎ 0 38 63/2 18 10).

Szenen einer Ehe

In der Kapelle des Brandhofs wurden Erzherzog Johann und die Postmeisterstochter Anna Plochl 1829 getraut. Die Glasmalereien im Mittelfenster des Speisesaals zeigen Szenen aus beider Leben; sie stammen von Matthäus Loder, dessen Darstellungen wesentlich zum romantisch verklärten Bild des Liebespaars beigetragen haben.

Aflenz (1000 Einw., 200 km) hat sich als heilklimatischer Luftkur- und Wintersportort einen Namen gemacht. Die Sesselbahnen auf die *Bürgeralm* (1506 m) mit ihrer Vielfalt an Pflanzen, insbesondere Orchideen, und die *Windgrube* (1810 m) leisten auch im Sommer Aufstiegshilfe.

Kurverwaltung, Maria-Jetter-Str., ☎ (0 38 61) 22 65, Fax 22 65-33. – 🚌

Rosenpension, Aflenz-Kurort 313, ☎ (0 38 61) 23 33, Fax 23 33-33. Ruhige Lage am westlichen Ortsrand. $

Hotel Post, Aflenz-Kurort 10 (an der Mariazeller Straße), ☎ (0 38 61) 22 03, Fax 22 03-4. In der altsteirischen Gaststube gehobene Küche, in den Zimmern aller Komfort. $

Kapfenberg (23 500 Einw., 216 km) hat als lebhafte Kulturstadt manchen Lorbeer eingeheimst. Der Altstadtbereich am Fuß der *Burg Oberkapfenberg* (Restaurant, ☎ 0 38 62/2 17 77, $) gruppiert sich um den Marktplatz, der nach Koloman Wallisch, einem Kämpfer gegen den Austrofaschismus, benannt ist.

Abstecher nach Kindberg

Es wäre schade, das nur 15 km von Kapfenberg entfernte **Kindberg** (6100 Einw.) unbeachtet zu lassen. Allein der prachtvolle *Zunftbaum* ist den Abstecher wert. Und in den barocken Prunkräumen des Renaissanceschlosses Oberkindberg geben ein *Montanmuseum* mit Schaustollen und rekonstruierten Erzverhüttungsanlagen, ein *Heimatmuseum* und Sonderausstellungen Einblick in die traditionelle Lebens- und Arbeitswelt der Obersteiermark (🕓 Mai–Okt. Fr–So 14–18 Uhr). Im Süden der Stadt lädt der *Kalvarienberg* zum Spazieren ein.

Zunftbaum in Kindberg

Auf dem Weg nach Graz

Schön ist **Bruck a. d. Mur** (14 200 Einw., 220 km) nicht zu nennen, aber kunsthistorisch interessant allemal. Innerhalb der Stadtmauer haben einige gotische Bauwerke verheerende Brände überlebt, die die Stadt heimsuchten, darunter das Haus eines Handelsherrn und Hammerwerkbesitzers namens Kornmess. Venezianische Palazzi standen Modell für die Loggia und die Kielbogenarkaden des * *Kornmesshauses*, vor dem ein herrlicher schmiedeeiserner Brunnen (1626) ins Auge fällt. Salzhandel, Flößen und Schifffahrt versprachen der Stadt Geld und Wachstum, deshalb ließ sie der böhmischen König Ottokar II. Przemysl planmäßig anlegen. In dieser Zeit wurden die *Stadtpfarrkirche* (1272–1336) und die *Minoritenkirche* (1272–1295) begonnen, die beachtliche Reste spätgotischer Wandmalerei aufweist.

Im Brandhof heirateten Erzherzog Johann und Anna Plochl

Frohnleiten (5100 Einw., 245 km) entfaltet mit seinen Häuserfassaden entlang der Mur und um den Hauptplatz ein pittoreskes Kaleidoskop der Architektur vom Mittelalter bis zum 20. Jh. Die barocken Fresken seiner *Pfarrkirche* sind ein Werk von Joseph Adam von Mölck, der auch die 1050 begonnene romanisch-gotische Wehrkirche St. Georg in der südlichen Nachbargemeinde *Adriach* ausgeschmückt hat.

Schmiedeeiserner Brunnen in Bruck an der Mur

4
Seite 69

Route 5

Durch das Hartberger Land

****Graz – Pöllau – Vorau – Friedberg – Hartberg – **Graz (201 km)**

Blumendörfer, Rebhänge, Obstwiesen. Die liebliche Szenerie des Hartberger Landes täuscht darüber hinweg, dass hier der Hofzaun des Reiches, die Grenze des Herzogtums Steiermark, verlief. Befestigte Städte und trutzige Klöster verteidigten das alte Siedlungsgebiet gegen Eindringlinge aus dem Osten. Pöllau mit seiner Stiftskirche, die Wallfahrtskirche Pöllauberg und die Bibliothek des Stifts Vorau sind die kulturellen, Obstbrände und deftige steirische Küche die lukullischen Höhepunkte dieser Zweitagestour, die keine Eile verträgt.

Seite 69

Gleisdorf (5200 Einw., 25 km) ist das Tor zum oststeirischen Hügelland. Obst und Wein reifen hier seit vielen hundert Jahren, denn die Region war schon in frühester Zeit besiedelt. In dem Städtchen kreuzen sich die Straßen aus allen Himmelsrichtungen, ein Erbe aus den Tagen der Römer.

Pöllau

Der Ort (2000 Einw., 66 km) ruht in einem Kessel inmitten des **Naturparks Pöllauer Tal,** dominiert vom ehemaligen **Stift** der Augustiner-Chorherren. Die *Stiftskirche* (1701–1712) ist der größte Sakralbau der Steiermark. Kleeblatt-Grundriss und Tambourkuppel deuten es an, dass hier kein Geringer Modell stand: der Petersdom. Baumeister waren der Grazer Joachim Carlone und der Pöllauer Remigius Horner. Matthias von Görz, ebenfalls aus Pöllau, schuf die farbenfrohen illusionistischen Fresken. Renommierte Maler schufen die Bilder für die vielen Altäre, u. a. Martino Altomonte und Johann Cyriak Hackhofer. Die *Stiftsgebäude* entstanden durch Umbau einer Wasserburg. Nach Auflösung des Klosters 1785 in ein Schloss zurückverwandelt, sind sie nun Dach für Schulen, Ausstellungen und Veranstaltungen.

Der *Hauptplatz* reizt zum Bummeln entlang bunter Fassaden. Dort ist in die Wand des Rathauses die Prangersäule (um 1600) eingelassen, an der Verurteilte öffentlicher Häme ausgesetzt wurden. Die stattlichen Häuser künden vom Wohlstand, den ihre Besitzer bis ins 19. Jh. aus dem bekannten Pöllauer Loden schöpften.

Ein Tip für erstklassige Tröpfchen, auch aus der Hirschbirne, ist die **Obsthof-Brennerei Retter** (Pöllauberg 235, 🕓 Mo–Fr 8–17, Sa 9–17 Uhr sowie nach Anmeldung, Führungen nach Anmeldung unter ☎ 0 33 35/41 31-0, 📠 41 31-4).

Die **IG Bauernspezialitäten** am Hauptplatz 2 bietet neben alkoholischen Tropfen auch Marmeladen, Tees, Dörrobst und anderes mehr.

Es empfiehlt sich jedoch, klaren Kopf und ein ungetrübtes Auge zu bewahren, denn die ***Wallfahrtskirche Pöllauberg** und das gleichnamige Dorf (71 km) blicken in wunderschöner Lage quasi von einem Hochsitz auf den Naturpark. Die nach 1339 entstandene Kirche liefert ein Prachtexempel steirischer Gotik. Die Gliederung des himmelstrebend hohen Innern in ein erhöhtes, zweischiffiges Langhaus mit

Brand in Pöllau

Spezialität unter den Obstbränden ist der Hochprozentige aus Hirschbirnen, den herben Früchten eines Baums, der ausschließlich im Naturpark Pöllauer Tal vorkommt und bis zu 200 Jahre alt wird.

dreischiffigem Umgangschor erfüllt perfekt den Zweck, Pilger um das Gnadenbild zu lenken.

Gasthof Stalzer, Görzgasse 142, Pöllau, ☎ (0 33 35) 22 76. Sowohl traditionelle als auch moderne steirische Küche, u. a. aus der Ernte des eigenen Gemüse- und Kräutergartens. Im Freien sitzt es sich besonders angenehm. $$

Einkehrgasthof Schreiner, Ortenhofenstr. 55, Pöllau, ☎ (0 33 35) 23 16. Traditioneller Gasthof nördlich des Stifts mit Garten und steirischer Küche. $

Der Hauptplatz von Pöllau

Vorau

Eine reizvolle, bewaldete Landschaft begleitet Sie zum nächsten Etappenziel (1500 Einw., 96 km). Auf einem Hügel über dem Ort sitzt ***Stift Vorau,** das durch sein einheitliches Barockbild aus dem 17. und 18. Jh. besticht. Markgraf Ottokar III. begründete 1163 das bis heute bestehende Kloster. Die Ordensbrüder, Augustiner-Chorherren, zogen flugs Kirche, Klosterbauten und eine höchst produktive Schreibstube auf. Letztere trug dem Stift wertvolle Handschriften ein. Als 1237 ein Feuer wütete, rettete Propst Bernhard die bibliophilen Schätze vor den Flammen – und verlor dabei sein Leben.

Barock aus einem Guss vereint innen …

1660 bis 1662 entstand, wohl nach Plänen des St. Lambrechter Stiftsbaumeisters Domenico Sciassia, der Neubau der *Stiftskirche.* Politische und wirtschaftliche Krisen verzögerten die Innenausstattung um vier Jahrzehnte, dann waren Hochaltar und Kanzel in besten Händen: denen des Hofbaumeisters und Bildhauers Matthias Steinl. Der Fresken gibt es viele – in der Sakristei eine Höllensturz-Inszenierung von Johann Cyriak Hackhofer aus Vorau, so drastisch, dass man augenblicklich allen Lastern abzuschwören bereit ist.

… wie außen das Augustiner-Chorherrenstift Vorau

Seite 69

Beschwingt und lebenslustig hingegen der *Bibliothekssaal:* Sein Rokokodekor nimmt den Schränken und noch so anspruchsvollem Lesestoff jede Schwere. Eine Doppelwendeltreppe führt in sein Allerheiligstes, den ehemaligen Handschriftenraum, dessen Preziosen nun in feuerfesten Tresoren lagern. (⌚ Kirche tgl. 8–18 Uhr; Sakristei und Bibliothek nur im Rahmen von Führungen Mai bis Sept. Mo–Sa 10, 11, 14, 15, 16 Uhr, So 11, 14, 15, 16 Uhr; Nov.–April Mo–Sa 10, 11, 14, 15 Uhr, So 11, 14, 15 Uhr, ☎ 0 33 37/23 51-0.)

Friedberg

Der Babenberger Herzog Leopold V. gründete 1194 die Stadt (2800 Einw., 123 km) am befestigten Grenzgürtel des Herzogtums Steiermark. Er finanzierte sie aus dem hohen Lösegeld, gegen das er im selben Jahr den englischen König Richard Löwenherz aus über einjähriger Gefangenschaft entlassen hatte. 1963 verlegte das Wiener Thonet-Werk seine Fabrik nach Friedberg. Außer modernen Möbeln fertigt es weiterhin jene klassischen Bugholz-Stühle, die seit Mitte des 19. Jhs. ein Exporthit sind. Das *Thonet-Museum* präsentiert die berühmtesten und schönsten Modelle (Bahnhofstr. 67, ⌚ Sa, So 10–12, 14–16 Uhr und nach Vereinbarung, ☎ 0 33 39/2 51 10).

5

Seite 69

Hartberg

Waldreich ist das hügelige Hartberger Land, und trotzdem seit ältester Zeit besiedelt. Seine Hauptstadt Hartberg (6200 Einw., 147 km) verweist stolz auf römische Spuren – und genüsslich darauf, dass es als Zentrum der Steiermark bis ins 13. Jh. Graz übertrumpfte. Bereichernd ist der Spaziergang durch den gut erhaltenen Altstadtkern allemal. Die **Stadtpfarrkirche St. Martin,** nach der Romanik immer wieder erneuert, trägt ein barockes Gewand. Joseph Adam von Mölck gestaltete ihre Wandmalereien, Johann Cyriak Hackhofer das Bild des hl. Martin am Hochaltar. Südlich davon steht als Beleg der Spätromanik der **Karner** (2. Hälfte 12. Jh.); seine – im 19. Jh. unglücklich restaurierten – Fresken zeigen im unteren Teil die früheste bekannte Allegorie der sieben Hauptsünden. Im Osten schließt der barocke **Pfarrhof** das Ensemble ab. Den Hauptplatz und die noch ältere Herrengasse säumen Gebäude des 16. Jhs., so das Haus der Herren von Steinpeiß mit dem **Stadtmuseum** (Herrengasse 6, ⌚ Mi 16–18, Sa 9–11 Uhr oder nach Voranmeldung, ☎ 0 33 32/66 50 50). Gut erkennbar ist noch der Verlauf der mittelalterlichen Stadtmauer, in die sich im Nordwesten das Renaissanceschloss mit Park fügt.

Zurück nach Graz

Auf dem kurzen Weg zur Autobahn nach Graz lohnt ein Stopp am **Renaissanceschloss Klaffenau.** Dort können Sie sich mit Andenken an die Region wie bäuerlichem Kunsthandwerk, Obstbränden und Kürbiskerndelikatessen eindecken (⌚ Fr–So 10–18 Uhr und nach Anmeldung unter ☎ 0 33 32/ 6 16 60 oder 0 33 34/22 59).

Die Autobahnausfahrt Sebersdorf gibt Gelegenheit zu einem kurzen Besuch von **Schloss Obermayerhofen.** 1985 vom Grafenpaar Kottulinsky zu einem romantischen Hotel umgebaut, begeistert es jeden, der in den mit Antiquitäten möblierten Räumen rund um den Arkadenhof genächtigt hat. Die Festsäle sind mit Wandmalereien (1780), fast alle Zimmer mit einem Fayenceofen ausgestattet. Und speisen lässt es sich im „Hofstüberl“ und „Goldesel“ exzellent. So viel Sinnesgenuss kann natürlich leicht(fertig) in großen Gefühlen enden – bei einer standesamtlichen Trauung im Schloss, der kirchlichen in der Kapelle.

Schloss Obermayerhofen, Sebersdorf, ☎ (0 33 33) 25 03-0, ℻ 25 03-50. Hotel ($$), Restaurant: Hofstüberl ($$), Goldesel ($).

Route 6

Im Tal der weißen Pferde

** Graz – Voitsberg – Bärnbach – Köflach – (Stubalpe –) ** Graz (123 km)

In der guten Luft des grünen Kainachtals wachsen die berühmten Lipizzaner gesund und kräftig heran. Vor einem Gang durch das Gestüt steht ein Besuch bei den Glasbläsern, und richtig bunt wird das Tagesprogramm durch eine einst gesichtslose Allerweltskirche, die Friedensreich Hundertwasser in ein farbenfrohes Sinnenerlebnis verwandelt hat.

Der spätromanische Karner von Hartberg …

… ist ungewöhnlich reich an Fresken

Voitsberg

Die stattliche Bezirksstadt (10 400 Einw., 34 km) ist eine der ältesten der Steiermark. Hier, am Knotenpunkt wichtiger Straßen, entstand um 1200 eine Straßensiedlung. Rasch stieg sie zu einem Handelszentrum auf. Im 19. Jh. brachte der Kohleabbau industriellen Aufwind. Heute machen die Natur der Umgebung und ein interessantes Kulturangebot Voitbergs Reize aus. Denn die Ruine der **Burg Obervoitsberg** ist Ende Juni Bühne der Burghofspiele.

Etwas außerhalb des Altstadtkerns steht die **Stadtpfarrkirche hl. Joseph** (1690–1708); am Hochaltar und an den Wandpfeilern der ehemaligen Klosterkirche illustrieren Gemälde das Leben des Zimmermanns.

Fürstlich wohnen und tafeln: auf Schloss Obermayerhofen

Bärnbach

In Voitsberg biegt die Straße zum Nachbarstädtchen (5200 Einw., 38 km) ab. Am Ortseingang, noch vor Überque-

6
Seite 79

rung der Kainach, liegt rechts das **Glaskunstzentrum Stölzle-Oberglas.** Diese und andere Glashütten entstanden, nachdem man Anfang des 18. Jhs. im Umkreis reiche Braunkohlelager entdeckt hatte. Die Bärnbacher Glashütte feuerte als erste der Steiermark ihren Schmelzofen mit Kohle statt Holz. Heute verwendet sie zwar Erdgas, aber die Glasbläser stehen wie vor 130 Jahren am 1400 °C heißen Ofen und formen mit den langen Blasrohren das glühende Kölbel.

Eine Führung durch das Glasmuseum erläutert die Arbeitsprozesse, zeigt den Wandel des Designs von Trinkgläsern und besonders kostbare Exponate.

Wer geschmackvolle Mitbringsel sucht, wird im Werksverkauf fündig. (Museum: Mo–Fr 9–17, Sa 9–13 Uhr, Mai–Okt. auch So 9 bis 13 Uhr, Glasbläser: Mo–Fr 10 und 11 Uhr, ☎ 0 31 44/7 06-8 00.)

Friedensreich Hundertwasser ließ Architektur und Natur verschmelzen, als er 1987/88 die Nachkriegskirche * **St. Barbara** umgestaltete. Er erlöste sie von ihren geraden Linien und eckigen Formen, verzierte sie fröhlich mit Symbolen, und nun steht die Hundertwasserkirche rund und bunt, wie aus einem Bilderbuch hergezaubert, inmitten braver Wohnhäuser. Um sie führt

Von der Kinderstube zur Hohen Schule

Die Geburt eines Fohlens kann man natürlich nur in einem Film mitverfolgen, doch der wohlige Schauer stellt sich auch ein, wenn eines der edlen Tiere dem Besucher seines Gestüts persönlich die Ehre erweist. Stolz reckt der Lipizzanerhengst seinen Kopf, als ob er jedes Wort verstehen würde, das sein Betreuer über die Vorzüge der Pferderasse erzählt.

Ab 1580 wurden die Vierbeiner als Paradepferde für die damals ins Leben gerufene Reitschule des Wiener Hofes gezüchtet. Erst seit 1920 haben die Lipizzaner ihre Heimat in Piber. Zum ersten Gestütssitz wählte der in Graz residierende Erzherzog Karl II. den bei Triest liegenden Ort Lipizza. Doch dann ging mit der Katastrophe des Ersten Weltkriegs Triest verloren, ein Umzug wurde notwendig.

Die Ahnen sind Pferde aus Spanien, Herkunftsland der seinerzeit edelsten Rassen. Daher rührt auch der Name Spanische Hofreitschule. 300 Jahre reichen die Aufzeichnungen der Stammbäume zurück. Die heutige Generation lässt sich auf sechs Stammväter aus der zweiten Hälfte des 18. Jhs. zurückführen: Pluto, Conversano, Neapolitano, Favory, Maestoso und Siglavy. Nicht alle waren Schimmel, die Farbe wurde erst in der Empirezeit so modisch, dass man sie zu einem Zuchtkriterium machte. Die Fohlen kommen farbig zur Welt, erst nach mehreren Haarwechseln werden sie bis zum sechsten Lebensjahr grau, weiß erst mit etwa zehn Jahren. Drei Jahre lang dürfen sie auf den Almen herumtollen, werden durch Wind und Wetter und durch ihre Rangeleien abgehärtet. Dann beginnt nach einer strengen Musterung für die besten Hengste in Wien die Ausbildung zur Hohen Schule. Die Stuten erhalten in Piber einen ihrem Geschlecht angemessenen Unterricht. Denn bei Herren wie Damen zählt nicht nur die Schönheit, sondern auch Charakter und Lernfähigkeit, wenn sie für die Zucht auserwählt werden wollen. Ein herrlicher Anblick ist es, wenn die Stuten und ihre Fohlen (je nach Witterung und Jahreszeit zu unterschiedlichen Zeiten) in Piber auf die Koppel getrieben werden. Graziös und elegant wirken ihre Bewegungen, und doch spürt man, wie locker und natürlich es auch in hochadeligen Kreisen zugeht.

6

Seite 79

ein Prozessionsweg durch Torbögen, die im ökumenischen Geist des Zweiten Vatikanischen Konzils für die großen Weltreligionen stehen: Islam, Hinduismus, Judentum, Schintoismus, Konfuzianismus und Buddhismus. Das Innere zeigt sich kontrastvoll schlicht. Die Apsis zieht den Blick an. Ihre Darstellung Christi als Gekreuzigter und Auferstandener ist eine Komposition aus einem 200 Jahre alten Korpus und einem Werk Hundertwassers. Rudolf Pointner schuf die Kreuzwegstationen. Die Pfarrei offeriert einstündige Führungen (1–10 Personen: 200 öS, jede weitere Person: 20 öS, ☏ 0 31 42/6 25 81).

Die Hundertwasserkirche in Bärnbach

Am Ortsausgang in Richtung Kainach veranschaulicht im **Schloss Alt-Kainach** eine Ausstellung des Steierischen Burgenvereins mit Modellen die alte Siedlungsgeschichte der Region. Nebenan können Sie in den riesigen Pool des Freibads hüpfen.

Schloss Piber ist die fürstliche Residenz der Lipizzaner

Von Bärnbach führen ein Fußweg und ein Sträßchen nach **Piber** (40 km). Die ursprüngliche wehrhafte Anlage mit Kirchenbefestigung – der Propsteihof ist heute eine Taverne – war lange Besitz des obersteirischen Stifts St. Lambrecht (s. S. 58). *Schloss Piber* (1696 bis 1728) trägt denn auch die Handschrift von Lambrechts Baumeister Domenico Sciassia. Es ist Sitz der Leitung des * *Bundesgestüts Piber.* Hier erblicken die Lipizzaner von Wiens berühmter Spanischer Reitschule das Licht der Welt. (🕓 Ostern–Okt. Führungen tgl. 9–10.15 und 14–15.15 Uhr, ☏ 0 31 44/ 33 23.)

Köflach

Das früh besiedelte Städtchen (11 200 Einw., 43 km) stand stets im Schatten von Voitsberg und begann seine bescheidene Karriere erst mit dem Kohleabbau und der Eröffnung der Bahnstrecke Graz–Köflach 1860. Beim Bum-

6

Seite 79

mel durch die Fußgängerzone stellt man fest, dass der Ort angenehm die Ruhe bewahrt hat. Cyprian und Domenico Sciassia errichteten 1643–1649 im Auftrag von St. Lambrecht die **Pfarr- und Dekanatskirche.** Joseph Adam von Mölck fertigte 1777 das Bildnis der Kirchenpatronin, der hl. Magdalena, am Hochaltar sowie die Gewölbefresken. Den romanischen **Karner** (12. Jh.), 1926 zum Kriegsdenkmal umgestaltet, schmücken Wandmalereien von Fritz Silberbauer. Der Heimatdichter Hans Kloepfer war von 1894 bis zu seinem Tod 1944 in Köflach als Werksarzt tätig. In seinem Wohnhaus zeigt das **Stadtmuseum** u. a. Funde aus Vor- und Frühgeschichte sowie eine Rauchkuchl (Bahnhofstr. 24, ☏ 0 31 44/25 19 71, ⌚ Mo 8–16 Uhr, Di, Mi 8–13 Uhr, Fr 8–12, 15–19 Uhr).

Am westlichen Stadtrand liegt erhöht **Maria Lankowitz** (2500 Einw., 45 km), der zweitgrößte Wallfahrtsort der Steiermark. Wider Erwarten ist die umgrünte Kirche klein und die Atmosphäre idyllisch-beschaulich. Diesen Frieden suchte, glaubt man der Legende, wohl auch ihre Marienfigur, eine kleine spätgotische Schnitzerei: Sie wurde von heidnischen Türken aus ihrem Gotteshaus bei Radkersburg gekidnappt, tauchte in einem Dornbusch wieder auf, wollte aber partout nicht zurück in ihr Heim. Also setzte man sie in ein führerloses Gespann und deutete es als göttlichen Wink, als die Ochsen am Fuß der Stubalpe stillstanden. Kaiser Friedrich III., der in der Gegend gern jagte, ließ 1455 ein Franziskanerkloster und eine Kirche errichten, die 1681–1684 ein Barockbau ersetzte. Und wie es scheint, fühlt sich die reiselustige Marienfigur zwischen den lebendigen Figuren auf Veit Königers Hochaltar (1787) himmlisch wohl.

Für Ihr körperliches Wohlbefinden sorgt südlich des Wallfahrtsorts die **Freizeitanlage Piberstein** mit 16 ha großem See, Tennisanlagen, 18-Loch-Golfplatz mit Caddytrain und Water Driving Range.

6
Seite 79

Hubertushof, Josef-Gauby-Str. 53, ☏ (0 31 44) 22 47. Nach Wallfahrt und gediegener Kost kann man sich bequem zur Ruhe betten. $

Restaurant Esse, Hans-Jäger-Str. 14, ☏ (0 31 44) 67 22. Rund um die namenstiftende Feuerstelle genießen Feinschmecker die Speisen der Frau Wirtin. $$

Abstecher

Tipp Von Maria Lankowitz führen eine Straße (14 km) und auf dem Erzherzog-Johann-Weg ein Wanderpfad zum *Alten Almhaus* (1650 m)

auf der *Stubalpe*. Beim von Maria Lankowitz ca. fünfstündigen Aufstieg passiert man das Soldatenhaus, wo den Brandkogel hinauf Lipizzaner weiden. Das Alte Almhaus ist ganzjährig bewirtschaftet und am 12. August Mittelpunkt des volksfestähnlichen Klaramarkts.

Zurück nach ** *Graz* (123 km) geht es auf der gewundenen, landschaftlich reizvollen B 70 via Edelschrott und Pack auf den Packsattel (1169 m) an der Grenze zu Kärnten. Dort haben Sie einen schönen Blick auf den Packer Stausee – ein Paradies für Wassersportler – und Anschluss an die A 2.

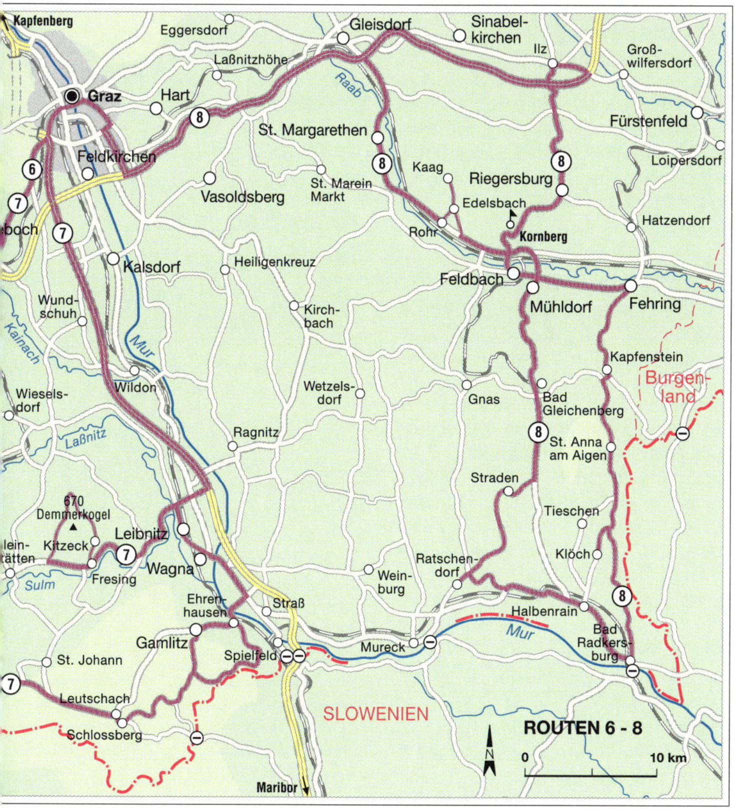

6
Seite 79

Route 7

Über die Weinberge

****Graz – *Stainz – Deutschlandsberg – Eibiswald – *Ehrenhausen – Leibnitz – Kitzeck – **Graz (186 km)**

Gebratene Maroni mit Wein hinunterspülen, sich genüsslich zurücklehnen und über sonnige Rebhügel ins Weite schauen – solche Augenblicke sind sinnliche Ruhepole der zweitägigen Route, die streckenweise drei Weinstraßen folgt: der weststeirischen Schilcherstraße am Fuß der Koralpe, der Südsteirischen Weinstraße an der slowenischen Grenze und der Sausaler Weinstraße zum höchsten Winzerdorf der Steiermark. Wer Bacchus weniger Zeit schenken will, kann sich auf eine der Weinstraßen als Halb- oder Ganztagesausflug von Graz aus beschränken, aber schade wär's.

*Stainz

7

Seite 79

Erzherzog Johann erwarb 1840 das aufgehobene Augustiner-Chorherrenstift der Gemeinde (2000 Einw., 27 km) und verwandelte das mächtige, 1229 gegründete Stift in ein **Schloss.** Es ist bis heute in Besitz seiner Nachfahren und beherbergt die volkskundliche Abteilung und bis 2001 auch das Jagdmuseum des Grazer Joanneums. Die ehemalige *Stiftskirche* besticht durch klare Gliederung und Luftigkeit, Stuck und Fresken setzen sparsame Schmuckelemente, damit der Blick ganz vom großen Hochaltar gebannt wird. Vom Schlosshügel sieht man ins Umland, das drei steirische Delikatessen liefert: Maroni, Kürbiskernöl und Schilcherwein.

Tipp Seit 1892 verbindet eine Schmalspurbahn Stainz mit Preding-Wieselsdorf. Der Volksmund taufte sie *Stainzer Flascherlzug* – nicht weil sie Schilcher beförderte, sondern weil viele Fahrgäste mit Urinfläschchen im Gepäck zum Höllerhansl, dem Wunderdoktor in Rachling, pilgerten. Erst seitdem die Bimmelbahn nur noch für Touristen verkehrt, ist auch der Wein an Bord: Ein Achterl ist im Fahrpreis inbegriffen, ebenso steirische Harmonikamusik. (Mai–Okt. Sa, So und Fei 15 Uhr, bei Bedarf auch 10 Uhr; Hin- und Rückfahrt ca. 2 Std.; Amateurlokfahrten nach Anmeldung unter ☏ 0 34 63/22 03-0.)

i Tourismusverband Schilcherland, Erzherzog-Johann-Straße 3, ☏ (0 34 63) 45 18, Fax 44 45. – Bus

Engelweingarten, Max-Gschiel-Str. 41, ☏ (0 34 63) 23 81. Dez.–Feb. sowie Mo und Di geschlossen. Viel gepriesener Gasthof 3 km westlich von Stainz. Herrlicher Blick, guter Wein, feine steirische Küche. $

Erzherzog Johann, der Bürgermeister

Der populäre Habsburger nahm 1850 die Wahl zum Stainzer Bürgermeister an. Das war nicht unbedingt der Höhepunkt einer Karriere: In der Frankfurter Nationalversammlung, gebildet nach der Märzrevolution, um in Deutschland einen nationalen Staat zu schaffen und ihm eine liberale Verfassung zu geben, hatte Johann das hohe Amt des Reichsverwesers bekleidet, musste aber 1849 zurücktreten, nachdem vor allem Preußen und Österreich die Ziele des Parlaments torpediert hatten. Nun also Bürgermeister einer Provinzgemeinde. Doch der blaublütige Erzherzog ging mit großem Ernst in sein neues Amt, selbst für Probleme wie Mistpfützen und weidende Gänse auf dem Marktplatz suchte er eigenhändig nach Lösungen.

Jagawirt, Sommereben 2, St. Stefan ob Stainz, ☏ (0 31 43) 81 05. Uriger Gasthof am Reinischkogel, bodenständig. ($)
Florlwirt, Gundersdorf 7, St. Stefan ob Stainz, ☏ (0 34 63) 8 14 80. Mo und Di geschlossen. Schilcher-Weingut mit Buschenschank und beliebtem Gasthaus. ($)

Der Stainzer Flascherlzug

Lazarus vulgo Pers, Langegg 20, Greisdorf, ☏ (0 34 63) 6 20 00. Jan.–Mitte Feb. sowie Mo geschlossen. Unaufhörlich ausgezeichnetes Weingut mit Vinothek (nach Anmeldung) und Buschenschank. ($)

Eine gute Weinquelle lässt sich 4,5 km südlich in Rassach anzapfen, einem Straßendorf mit alten schönen Bauernhäusern. Dort kann man im **Schilcherstöckl** (Rassach 25, ☏ 0 34 63/43 33) Wein verkosten und kaufen. Souvenirjäger entdecken nebenan (☏ 0 34 63/37 91) bäuerliches Kunsthandwerk. (🕓 beide Di–So 10–12, 14–18 Uhr.)

Beim Jagawirt am Reinischkogel

Ein sagenhafter Wein

Erwartungsfroh hebt der Novize ein Glas des berühmten weststeirischen Schilchers, nippt – und verzieht das Gesicht. Ja ja, nickt der Winzer mitfühlend, selbst Kenner überrasche der hohe Säuregrad und die kräftige, ungewöhnliche Note immer wieder. Das zweite Glas aber laufe wie geölt die Kehle hinab. Und dann fände man kein Ende mehr... Nicht von ungefähr handelte sich Franz Schubert den Spitznamen „Schwammerl" (was „Räuscherl" meint) ein, als er 1827 in Schloss Wildbach logierte.

Das Schloss ist Namenspate der Wildbacher Rebe, die sich früher ausschließlich auf den Gneis- und Schieferböden der Koralm-Ausläufer sonnte. Die blaue Traube wird als Rosé zum Schilcher ausgebaut. Der – heute als steirischer Qualitätsname mit Lipizzaner auf dem Etikett geschützte – Begriff „Schilcher" verweist auf die schillernde Farbskala: vom zarten Zwiebelton der Weine um Ligist bis hin zum Dunkelrot der Tropfen um Eibiswald.

Ob der Schilcher nur aufgrund seines Geschmacks weit über die Landesgrenzen hinaus bekannt wurde? Vielleicht half auch etwas sein Ruf mit, Kraft zu spenden. Denn in der Weststeiermark sollen Zwillingsgeburten besonders häufig sein.

7

Seite 79

Auf der Schilcherstraße

Im Kurort **Bad Gams** (2300 Einw., 33 km) sprudeln Mineralwasser und Kreativität. Das eine behebt Eisen- und Magnesiummangel, das andere Langeweile: Keramik-, Weberei- und andere Werkstätten bieten Kurse an.

Kur-Tourismusbüro, im Gemeindeamt am Hauptplatz, ☎ ℻ (0 34 63) 37 38.

Deutschlandsberg

Schmal wird die Schilcherstraße, wenn es hinauf in die Weinberge geht. Vorbei an **Schloss Wildbach** (38 km) über dem Wildbachtal, der Wiege der Wildbacher Traube, die den Schilcher liefert, erreicht man Deutschlandsberg (7800 Einw., 43 km). Vom Hauptplatz kann man auf die **Burg Landsberg** spazieren und den Blick über die Heimat des Schilchers genießen. Auf der anderen Seite des Städtchens umgeben ein Golfplatz und ein Reitklub die barockisierte gotische **Ulrichskapelle** und **Schloss Frauenthal.**

Fremdenverkehrsverein, Hauptplatz 35, ☎ (0 34 62) 75 20. –

Burghotel Deutschlandsberg, Burgstr. 19, ☎ (0 34 62) 56 56, ℻ 56 56-22. Mit 26 individuell möblierten Zimmern, einem Restaurant im Rittersaal und einer Bar im Kellergewölbe. $$

Gasthof Kollar-Göbl, Hauptplatz 10, ☎ (0 34 62) 2 64 20. Gelobte steirische Spezialitäten aus eigener Metzgerei, Landwirtschaft und Winzerei. $$

Buschenschank Lamperti-Oswald, Teichweg 42b, Deutschlandsberg-Sulz, ☎ (0 34 62) 22 10. Aug. sowie Mo, Di geschlossen. Unter einem alten Nussbaum eine Brettljause und ein Glas Schilcher – was will man mehr? $

Buschenschank Leitinger vulgo Klinger, Oberer Steinwandweg 8, ☎ (0 34 62) 46 00. Mi und Do geschlossen. Wie sich's für eine Buschenschank gehört: Wein, Fleisch und Wurst, Brot und Mehlspeisen. $

Gasthaus Moserjosl, Freiländer Str. 208, ☎ (0 34 62) 27 20. Ruhige Lage (4 km außerhalb) mit Weitblick aus 800 m Höhe. $

Tipp Familien mit Kindern sind im 6 km entfernten **Trahütten** gut aufgehoben. Gastronomie und spezielle Programme halten die Kids bei Laune, Höhenluft (900–1100 m) und die intakte Natur der Koralm Körper und Seele im Lot.

Gemeindeamt, Trahütten, ☎ ℻ (0 34 61) 2 80, 2 31, 2 10.

Richtung Grenze

Ab ins Kloster lautet in **Schwanberg** (2200 Einw., 50 km) das Heilrezept für alle, die es zwickt. Die Gäste müssen aber nicht an die Kraft der Meditation glauben, denn im ehemaligen Kapuzinerkloster empfängt die Geplagten ein Moorbad. Der Brei, den ein Hochmoor spendet, lindert Rheuma – und der Wein und die Esskastanien tragen auch manches zur Genesung bei (☎ 0 34 67/ 82 17-0, ℻ 82 17-70).

Auf der Weiterfahrt passiert man **Vordersdorf** (57 km). 100 Jahre lang fertigte dort die *Hammerschmiede Pühringer* Geräte für Landwirtschaft und Bergbau. Seit der Stilllegung 1975 gehen Touristen ein und aus, um sich die alten Techniken zeigen zu lassen. (🕓 Mai bis Okt. Sa 14–15 Uhr und nach Anmeldung unter ☎ 0 34 65/22 01.)

Der Dichter spricht

„Schau i durch mei Schilcherglasl,
is die Welt so roat wia Bluat,
oba woart nur, no a Maßl,
und 's is olles wieda guat."

(Hans Kloepfer über den Schilcher)

7
Seite 79

Die Schilcherstraße endet in **Eibiswald** (1600 Einw., 61 km) am Schnittpunkt zweier alter Verkehrswege: den Straßen über den Radlpass nach Slowenien und über die Soboth nach Kärnten. Aus dem schmucken Ort stammte der Arzt und Mundartdichter Hans Kloepfer (1867–1944). An sein Leben und Werk erinnert im zum volkskundlichen Museum umgestalteten *Kloepferhaus* ein Zimmer. Nachdem Sie im *Lerchhaus* (1612) den Schilcher nochmals verkostet haben (🕒 Sa, So 10–12, 14–16 Uhr, ☎ 0 34 66/4 32 56, 4 22 18), geht die Weinseligkeit in ihre zweite Etappe.

In den Weinkellern der drei Weinstraßen gibt es allerhand Gutes zu verkosten

Südsteirische Weinstraße

Schon nach kurzer Fahrt stoßen Sie in **Leutschach** (550 Einw., 81 km) auf die *Südsteirische Weinstraße*, die als Achterschlaufe die Grenzlandschaft der Windischen Bühel durchmisst. Über Weine und Wirte klärt die *Weingalerie* auf (Hauptplatz 8, ☎ 0 34 54/63 11, 🕒 April–Nov. Mo, Di 9–12, Mi–Sa 9 bis 12, 14–18 Uhr).

Der Klapotetz soll die Vögel aus den Weingärten vertreiben

Nach zehn Kilometern, beim Buschenschank **Bacchuskeller Lambauer** (Eckberg 37, ☎ 0 34 53/25 70), gabelt sich die Südsteirische Weinstraße erneut. Ein Arm führt über Ratsch an der Weinstraße und den **Buschenschank Kästenburg** (☎ 0 34 53/25 65) hinaus nach Osten, der andere in das Eckberger Gebiet. Auch hier liegen viele Buschenschanken am Weg, u. a. das **Weingut Walter Skoff** (Eckberg 16, ☎ 0 34 53/42 43) und das **Alte Winzerhaus** (Eckberg 11, ☎ 0 34 53/24 92, Mi Ruhetag).

Gamlitz

Nach soviel Praxis empfiehlt sich ein kurzes Innehalten am Nabel des südsteirischen Weinlands (3100 Einw., 95 km), um im **Weinmuseum**

Toskana? Nein, die Südsteiermark

7

Seite 79

des Schlosses Gamlitz der Familie Melcher etwas theoretisches Wissen zu konsumieren (◷ Mai–Anf. Nov. Di–So 9–12, 14–17 Uhr, ☎ 0 34 53/48 48). Anschließend geht es ohnehin hinab in das Kellergewölbe, zur Verkostung der melcherschen Weine. Von August bis Oktober, bei der Edelbrandpräsentation „Steirische Trilogie der Früchte", wird auch der Weg vom Obst über die Maische zum Branntwein erklärt.

Gästeinformationsbüro, Marktplatz 41, ☎ (0 34 53) 39 22, FAX 44 82. –

Schlossweingut Melcher, Gamlitz 32, ☎ (0 34 53) 23 63. Große Räume mit antikem Kunterbunt, Kochgelegenheit und Familienanschluss, was so viel heißt wie „helfende Hände sind willkommen". $

Sattlerhof, Sernau 2, Zufahrt über Steinbach, ☎ (0 34 53) 44 54, FAX 44 54-4. So abends, Mo, Mi und Mitte Dez.–Mitte März geschlossen. Kleines, feines Hauben-Restaurant, Schwimmbad. $$

Weinlandhof von Arnold Wratschko, Untere Hauptstr. 15, ☎ (0 34 53) 25 84, FAX 27 15 10. Steirische Küche, Weinverkauf und Flaschengeschäft (300 in Form, Farbe und Größe verschiedene Glasflaschen!). Lokal $, Zimmer $$

Tipp 100 Weingüter, Gasthöfe, Pensionen und Buschenschanken in den Gemeinden Gamlitz, Ratsch und Ehrenhausen bieten einen besonderen Service: Wer in einem der Mitgliedsbetriebe übernachtet, bekommt mit der Gästekarte die Möglichkeit zu kostenlosen Taxifahrten, um den Wein unbeschwert genießen zu können.

An der Mur

Aus- bzw. Eingangstor der Südsteirischen Weinstraße im Osten ist ***Ehrenhausen** (1200 Einw., 99 km) am Rand des Leibnitzer Feldes, einem breiten Becken der Mur. Das Gebäudeensemble am und über dem Hauptplatz macht den kleinen Ort zu einem Juwel der Steiermark. Neben der spätbarocken *Pfarrkirche Zur schmerzhaften Muttergottes* (1752–1755) wirkt das Rathaus (1747) mit dem Emmabrunnen (1750) bescheiden. Darüber, auf einem Felsplateau, zieht das *Mausoleum der Eggenberger* mit seinem fünf Meter hohen Wächterpaar schon von ferne den Blick an. (Holen Sie vor dem Aufstieg den Schlüssel im Pfarrhof links neben der Kirche ab.) Ruprecht von Eggenberg, Sieger in der Türkenschlacht von Sissek 1593, ließ das Grabmal neben seinem – nicht zu besichtigenden – Stammschloss errichten. Giovanni Pietro de Pomis entwarf den manieristischen Bau, Johann Bernhard Fischer von Erlach vermutlich die Innendekoration.

Leibnitz (6700 Einw., 109 km) erstreckt sich auf altem keltischem Siedlungsgebiet sowie über Flavia Solva, der einzigen Römerstadt der Steiermark. Flavia Solva wurde unter Kaiser Vespasian (reg. 69–79 n. Chr.) aus dem Haus der Flavier Stadt und ein bedeutendes Provinzzentrum der Römer (s. S. 12).

Schloss Seggau auf einem Hügel am Stadtrand ist Ergebnis des Ausbaus dreier mittelalterlicher Burgen. Spätrömische Reliefs verleihen dem Arkadenhof einen eigentümlichen Reiz. Sie wurden im 19. Jh. eingemauert, nachdem man bei Abbrucharbeiten hierher verbrachte Relikte von Flavia Solva entdeckt hatte. Das Schloss bewahrt weitere Römerfunde.

Ein erhebender Genuss ist die Weinprobe im 300 Jahre alten Weinkeller. (Führung und Weinprobe nach Anmeldung bei der Bischöflichen Gutsverwaltung, ☎ 0 34 52/8 24 35, FAX 8 24 35-10.)

Südlich davon, auf dem etwas höheren *Frauenberg*, werden seit alters – der Name verrät's – Frauen verehrt: zunächst keltische Göttinnen, unter den Römern Isis Noreia und bis heute in der

7
Seite 79

spätgotischen, 1645–1646 erweiterten und barockisierten *Wallfahrtskirche* die hl. Maria. Im römischen Tempel zeigt ein *Museum* Funde aus der Römerzeit (🕓 April–Okt. tgl. 10–12, 14–16 Uhr).

Sausaler Weinstraße

Steirische Weinstraßen, die dritte: Das schönste Stück dieser Weinstraße beginnt bei Fresing (120 km). Dort steigt bei der kleinen blauen Kirche ein Sträßchen nach **Kitzeck** (1200 Einw., 124 km) hinauf. Das höchste Weindorf (564 m) der Steiermark liegt inmitten steiler Weingärten über dem Sulmtal. Mildes Höhenklima beschert gut ausgereiften Wein, der Wochenende für Wochenende Scharen von Grazern in die vielen Gasthöfe und Buschenschanken lockt.

Im *Weinmuseum* des alten Winzerhauses veranschaulichen historische Gerätschaften die mühsame Arbeit im Weinberg (🕓 April bis Nov. Sa, So und Fei 10–12, 14 bis 17 Uhr, Führungen nach Anmeldung, ☎ 0 34 56/30 00, 35 00).

Schloss Seggau, das nicht nur ins Mittelalter, sondern auch in die Römerzeit entführt

Restaurant Kappel, Steinriegel 25, ☎ (0 34 56) 23 47, FAX 23 47-30. Der Kitzecker Wirt ist ein renommierter Weinbauer und sein Wein eine Komponente seiner leichten steirischen Küche. Komfortzimmer, Freischwimmbad. ($).
Sausalerhof, ☎ (0 34 56) 23 06. Großes Ausflugslokal am Demmerkogel mit schönem Blick und Fremdenzimmern. ($)
Kirchenwirt, Steinriegel 57, Kitzeck, ☎ (0 34 56) 22 25. Die Kost hat Bodenhaftung bewahrt. ($)
Steirerland, ☎ (0 34 56) 23 28. So abend, Mo geschlossen. Beliebtes Ausflugslokal mit Aussichtsterrasse an der Straße zum Demmerkogel, dennoch eher intimer Familienbetrieb. ($)

Im Kitzecker Weinmuseum erhält man eine Vorstellung von der harten Arbeit der Weinbauern

7
Seite 79

Route 8

Land der Höhen, Land der Tiefen

**** Graz – Feldbach – Schloss Kapfenstein – * Bad Radkersburg – Ratschendorf – Bad Gleichenberg – ** Riegersburg – ** Graz (240 km)**

Längst erloschene Vulkane haben die Landschaft der Oststeiermark geprägt. Aus ihren Tiefen sprudeln mineralhaltige Thermalquellen, deren Heilkraft schon die Römer schätzten. Auf ihren Kegeln sitzen mittelalterliche Wehrburgen, an den fruchtbaren Basalthängen gedeihen Weinstöcke.

„Wein und Wasser" ist das Leitmotiv des ersten Tags dieser Tour: Entlang der Klöcher Weinstraße geht es nach Bad Radkersburg und Bad Gleichenberg. Schloss Kornberg und die mächtige Riegersburg setzen dann die Glanzlichter des zweiten Tags. Wem das milde pannonische Klima ebenso zusagt wie den Reben, der kann anschließend in der auch kulinarisch abwechslungsreichen Bäderregion seine Energie aufladen.

Rund um Feldbach

Von *Gleisdorf* (s. S. 72) entführt die B 68 durch das Raabtal in den Südosten. In Rohr (48 km), weisen Schilder zu * *Gsellmanns Weltmaschine* in **Kaag.** Das kuriose Gebilde belegt, dass es in der Region sehr wohl noch Eruptionen gibt, nämlich der Phantasie und Kreativität (🕓 keine geregelten Zeiten).

Inmitten von fruchtbarem Land liegt **Feldbach** (4300 Einw., 65 km). Das Bezirksstädtchen gruppiert sich um den weiten *Hauptplatz.* Dort steht noch der kelchförmige steinerne Metzen aus dem 15. Jh., ein Eichmaß für Getreidescheffel. Die Grenzregion war immer unruhig: Einfälle aus dem Osten und blutige Adelsfehden peinigten die Bevölkerung, die in der höchsten Not samt Vieh und Vorräten in den *Tabor* floh: ein Viereck von Häuschen, das nach außen als Wehrmauer die Kirche umschloss. In der vom Abbruch 1845 verschonten Osthälfte erläutern *Museen* Themen wie Volkskunde, Fischerei und Schneiderei (🕓 Mai–Okt. Mo–Fr 9–11, 14–17, Sa, So 9–12 Uhr). Der düstere Gefängniskeller erinnert an die Opfer des größten steirischen Hexenprozesses (1673–1675), sie wurden nach Hagelkatastrophen bei der Riegersburg der Zauberei angeklagt.

Klöcher Weinstraße

In Fehring nimmt die *Klöcher Weinstraße* ihren Anfang. Was sie an landschaftlichen Schönheiten und kulinarischen Genüssen zu bieten hat, eröffnet als erstes **Schloss Kapfenstein** (85 km), entstanden aus einer bis ins 19. Jh. umgebauten mittelalterlichen Wehrburg. Die heutigen Besitzer haben das Schloss zum Pilgerziel für Genießer gemacht. Ihr Lokal, der Schlosswirt, ist hochgelobt. Gleiches gilt für ihr Weingut, dessen Spezialität der rote Olivin ist, benannt nach dem im Kapfensteiner Vulkankegel vorkommenden Mineral. Dieses und andere lokale Gesteine zeigt das *Burgmuseum.*

Schlosswirt, Kapfenstein 105, ☎ (0 31 57) 31 31 0. Restaurant (März–Dez., Mo und Di geschl.) $$, Zimmer $$$

Die ganze Vielfalt der hiesigen Weinbaukunst lehrt **St. Anna am Aigen,** denn in der *Gesamtsteirischen Vinothek* erfahren Sie (fast) alles über die steirischen Weine. Sie können Spitzentropfen von über 80 Weingütern kosten und kaufen. (🕓 Ostern bis Anf. Nov. Di–So 11–18.30 Uhr, ☎ 0 31 58/ 28 01.)

Gsellmanns Weltmaschine

8
Seite 79

Vom Bauern, der die Welt erschuf

Eines Tages – und anders kann man in diesem Fall nicht einleiten – sah er in einer kleinen Zeitung eine merkwürdige Konstruktion abgebildet. Am anderen Morgen stand er in aller Herrgottsfrühe auf, schmierte sich ein paar Brote für unterwegs und radelte die 8 km hinunter nach Feldbach, wo er den Zug bestieg. Über Graz fuhr er nach Brüssel, ging dort in die Weltausstellung und verharrte lange in stiller Andacht vor dem Atomium. Dann machte er kehrt, lief zurück zum Bahnhof, ohne die Stadt eines Blickes zu würdigen, und fuhr nach Hause. So beginnt die Geschichte von der Weltmaschine.

Franz Gsellmann war ein kleingewachsenes Bäuerlein, dessen Hof im hügeligen Südosten der Steiermark kaum genug zum Leben abwarf. Nur wenige Jahre hatte er die Schulbank gedrückt, konnte kaum schreiben und rechnen, und Reden war seine Sache nicht. So rätselten Familie und Umgebung umsonst, was in Gsellmann vor sich ging, der plötzlich Landwirtschaft und Lebensunterhalt weitgehend der Familie überließ und sich in einer 12 m² großen Kammer einsperrte, wo er hämmerte und werkelte. Keinen Tag ließ er aus, um im Geheimen das Atomium nachzubauen, auf einen alten Holzwagen gestellt, aus alten Eisenteilen, Drähten, Hula-Hoop-Reifen und allerlei Wohlstandsmüll. Doch damit nicht genug: Aus dem Ei wurde eine Weltmaschin', immer wieder besuchte Gsellmann Schrottplätze und Altwarenhändler bis nach Graz hinein und transportierte seine kostbaren Errungenschaften mühsam mit Pferdefuhrwerk und Leiterwagen auf den Hof, oft zu nachtschlafender Zeit, denn aus dem Sonderling war längst ein im Dorf angefeindeter Außenseiter geworden. Er muss darunter sehr gelitten haben, aber unbeirrt setzte er seine Arbeit fort: Eisen und Elektroteile wurden kunstvoll miteinander verbunden, bunt gestrichen und von kleinen Motoren in Bewegung gesetzt. Bald blinkte und zwitscherte es, ratterte und pfiff aus der kleinen Kammer, war die Weltmaschin' nicht mehr geheim zu halten. Journalisten bekamen Wind davon, Feuilletonredakteure maßen dem Werk des Homo ludens künstlerische und philosophische Dimensionen bei, Fernsehteams schickten Bilder von der Weltmaschin' um die Welt. Ihr Erbauer gab sich bescheiden: „Sie wird schon für etwas gut sein." Er durfte sich noch freuen, der Sonderling, der plötzlich außerhalb des Ortes geachtet wurde. 1981 starb er, über 20 Jahre hatte er an seinem Lebenswerk gewerkelt, das die Kammer bis auf wenige Quadratzentimeter ausfüllte.

Wer es heute betrachtet, in Bewegung gesetzt von der Schwiegertochter, die trotz ihres Alters wie ein Wiesel um die Maschine hüpft, um auch wirklich jedes Detail mit einem immer wiederkehrenden „Gfoids Eich?" zu präsentieren, kommt aus dem Staunen nicht heraus. Trommelteile von Waschmaschinen, Gebläse, Mixer und Haartrockner, Strumpfstrickmaschine und Blaulicht, Metronom und Spieluhr, dazwischen Figürliches, eine Spielzeugrakete und ein Adler, kitschige Heiligenfiguren und die Madonna von Lourdes, ein Klapotetz und der Grazer Uhrturm – alle scheinbar ohne Funktion, willkürlich hingeworfen und doch in eine Harmonie eingebunden, von der man sich schwer löst. Wer einmal die Weltmaschin' mit großen Kinderaugen gesehen hat, wird die Erinnerung durchs Leben tragen.

Buchtip: Gerhard Roth, Franz Killmeyer: Gsellmanns Weltmaschine, Böhlau Verlag, Köln 1996. Eine liebevolle Hommage mit feinfühligen Texten und großartigen Bildern.

8

Seite 79

Eine Bacchus-Hochburg reiht sich an die andere. Die Häuser von **Klöch** (1300 Einw., 100 km) am Ausgang einer kleinen Klamm, überragt von der Burgruine, sind von steilen Weingärten eingekreist. Auf dem vulkanischen Boden reift der bekannte Klöcher Traminer.

Ein guter Tip für Verkoster und Einkäufer: das (ausgeschilderte) **Gräflich Stürgkhsche Weingut** (☎ 0 34 75/22 23).

Klöcherhof, Klöch 4, ☎ (0 34 75) 22 06-0, ℻ 22 06-4. Radhotel, steirische Hausmannskost (Mi geschl.). Unterkunft Ⓢ, Lokal ⓈⓈ

Klöcher Perle, Klöchberg 45, ☎ (0 34 75) 23 11. Mo und Di geschlossen. Köstliche Backhendl und Weine aus Eigenanbau. ⓈⓈ

Von Weingärten umgeben: Klöch an der Klöcher Weinstraße

Schloss Kapfenstein

Franz Gsellmann

*Bad Radkersburg

Die Stadt breitet sich am südöstlichsten Zipfel der Steiermark aus. Seit dem Ersten Weltkrieg zieht hier die Mur die Grenze zu Slowenien. Aber abseits steht die alte Handelsstadt trotzdem keineswegs. Ihren jüngsten Aufschwung verdankt sie heißen Mineralquellen. Diese wurden in den 70er Jahren erschlossen, Radkersburg damit zum Bad geadelt. Baulich ist die Stadt ein Kleinod. Ihr Zentrum hat südländisches Flair. Ausgangspunkt eines Bummels ist der **Hauptplatz;** in seinem geschlossenen Ensemble stechen das Alte Rathaus (Nr. 10), 1607–1612 von Domenico Gallo und Antonio Piazzo erbaut, das Wurmbrandthaus (Nr. 12) und das Stammhaus der Eggenberger (Nr. 9) hervor. Die angrenzende Langgasse säumen Adelsresidenzen mit Arkadenhöfen, darunter das **Palais Herberstorff** (Nr. 27), heute ein Kaufhaus. Das Zeughaus von 1588 in der Emmenstraße 9 dient heute als **Stadtmuseum.**

Halbenrain (2000 Einw., 115 km) im Süden der Klöcher Weinbauregion entstand um eine mittelalterliche Burg. Heute residiert darin eine landwirt-

8

Seite 79

schaftliche Fachschule. (Führungen durch Schloss und Kräutergarten: Di 15.15 Uhr, ☎ 0 34 76/20 69.)

Es gibt aber noch einen weiteren edlen Tropfen in der Steiermark: das Kernöl. Kosten und kaufen – Bauernmärkte, Bauernhöfe und Ölmühlen bieten die beste Qualität – kann man es häufig, seltener die Herstellung beobachten. Letzteres dürfen Sie in Ratschendorf in der **Ratschendorfer Ölmühle** oder in **Pechmanns Alter Öhlmühle** in Oberpurkla; wer Hand anlegt, wird in Naturalien ausbezahlt. (🕓 Mai–Okt. Di–So bei Bedarf, Anmeldung für beide Ölmühlen in der Weinschenke, Ratschendorf 188, ☎ 0 34 76/73 50.)

Straden (1700 Einw., 137 km), ein kleiner Ort mittelalterlicher Abkunft, baute mehr noch als auf seine profanen Wehranlagen auf himmlischen Beistand: Drei Kirchen (15.–18. Jh.) schauen weit ins Obst- und Weinland.

Bad Gleichenberg

Bad Gleichenberg (2200 Einw., 147 km), ein Zentrum des Steirischen Thermenlandes, wurde im Mittelalter im Schutz einer Burg erwachsen, war aber schon lange vor unserer Zeit besiedelt. Die Römer wussten bereits um die Heilquellen. Die Burg steht nicht mehr, dafür viel Bausubstanz aus der k. k. Zeit: Es würde nicht wundern, wenn aus den Villen sonnenbeschirmte Damen in langen Biedermeierkleidern träten, um durch den vor 150 Jahren exotisch bepflanzten Kurpark zu flanieren. Was Komfort und medizinische Versorgung betrifft, ist das größte steirische Heilbad allerdings topmodern.

Gästeinformation, Bad Gleichenberg 2, ☎ (0 31 59) 22 03, ℻ 22 03-3. Kurzentrum, Brunnenplatz 1, ☎ (0 31 59) 22 94, ℻ 22 94-27. –

Kurschlössl, Bad Gleichenberg 44, ☎ (0 31 59) 23 32, ℻ 23 32-22. Etwa 5 Minuten außerhalb des Zentrums zwischen Kurpark und Wald gelegen. Hotel ($), Feinschmeckerlokal ($$)

Villa Albrecht am Kurpark, Brunnenstr. 3, ☎ (0 31 59) 23 69 0, 38 74, ℻ 2 36 95. Dependance des Parkhotels vis-à-vis und wie dieses auf kalorienarme Kost spezialisiert. ($$)

Kurz nachdem die B 66 in Feldbach die Raab überquert hat, gerät links der *Steirischen Schlösserstraße* **Schloss Kornberg** (165 km), strategisch auf einen dreiseits schroff abfallenden Hügel platziert, in Sicht. Die Trakte mit den kostbar ausstaffierten Räumen umstehen als Fünfeck einen weiten, schönen Renaissance-Arkadenhof. Wechselnde Ausstellungen füllen die alten Mauern mit Leben. (🕓 Mitte März–Ende Okt. sowie zum Weihnachtsmarkt mit Kunsthandwerk Mitte Nov. bis 23. Dez. tgl. 10–18 Uhr, Schlosswirt Mi–Fr, Sa 10–23, Sa 10–18 Uhr, ☎ 0 31 52/74 19, 42 13; ($$))

**Die Riegersburg

Einst vermutete man, Schloss Kornberg sei unterirdisch mit der Riegersburg (171 km) verbunden. So gewaltig ist das Bollwerk, dass man den Erbauern auch diese herkulische Leistung zugetraut hätte. Die Wehranlage besetzt das ganze Plateau eines jäh aufragenden Felsens. Insgesamt 11 km lange Mauern umgeben das Hochschloss in mehreren Ringen, sechs Tore musste überwinden, wer die Burg einnehmen wollte. Den

Die Schlimme Lisl

Die Freifrau von Galler war sehr energisch, dreimal verehelicht, zuletzt mit dem weit jüngeren Freiherrn von Stadl vom benachbarten Schloss Kornberg. Vor allem aber ist ihre extreme Streitsucht überliefert, die ihr den Schimpfnamen „Schlimme Lisl" einbrachte.

8
Seite 79

Ausbau zur Festung betrieb wesentlich die Freifrau von Galler (gest. 1672).

Kuren in Bad Gleichenberg

Die Innenräume sind kunstvoll dekoriert, so der **Rittersaal** (1600) und der **Weiße Saal** (1658). Mit seinen Waffen protzt das Zeughaus. Eine Ausstellung gedenkt der Hexenprozesse. Als Hexe auf der Folter überführt wurde im 17. Jh. auch die Frau des Verwalters der Riegersburg. Joseph Feiherr von Hammer-Purgstall hat sie in seinem dreibändigen Roman „Die Gallerin von der Riegersburg“ als Blumenhexe verewigt, deren Geschick, im Winter Blumen zu züchten, man als Zauberei auslegte. Auf der **Greifvogelwarte** sind Raubvögel zu bestaunen. (Ⓒ Burg: April–Okt. tgl. 9 bis 17 Uhr; Vorführungen Vogelwarte: April–Okt. Mo–Sa 11, 15 Uhr, So und Fei 11, 14, 16 Uhr; ☏ 0 31 53/73 90.)

Die Riegersburg

Wer auf der weiten Terrasse der **Burgtaverne** sitzend ins Land schaut, sollte sich ein Achtel Wein ins Glas schenken lassen; v. a. der Weißburgunder des Burgweinbaus Riegersburg ist vorzüglich.

Am Fuß des Burgfelsens werden die oben genannten Weine verkauft.

Schwarzes Gold

Keine Sorge, der Koch hat nicht versehentlich Maschinenöl auf den Salat gekippt. So dunkelgrün schimmert das steirische Kürbiskernöl, gewonnen in den südlichsten Regionen der Steiermark. Es ist nicht irgendein Kürbis, der dort im milden Klima reift. Die steirische Sonderzüchtung enthält schalenlose Kerne. Zu Herbstbeginn sitzen alte Bäuerinnen auf den Feldern und lösen geduldig die Kerne aus, die sofort gereinigt und getrocknet werden müssen. In der Ölmühle werden sie nochmal nachgetrocknet, dann gemahlen und mit Salz und Wasser zu einem Brei verarbeitet, der schonend geröstet und anschließend ausgepresst wird. Trotz der Röstung ist das Kürbiskernöl ein kaltgepresstes Öl, daher reich an Vitaminen und mehrfach ungesättigten Fettsäuren, sehr gesund und unvergleichlich gut. Gewarnt sei allerdings vor den Flecken, sie sind meist eine bleibende Erinnerung. Als Fleckläser hat sich bisher nur die bleichende Sonne bewährt.

8

Seite 79

Praktische Hinweise von A–Z

Ärztliche Versorgung

Die meisten Ärzte und Krankenhäuser in Österreich behandeln auf Krankenschein. Sind Sie bei einer gesetzlichen Krankenkasse versichert, müssen Sie eine Anspruchsbestätigung Ihrer Kasse vorweisen können, die von den österreichischen Gebietskrankenkassen in einen Krankenschein umgewandelt wird. Mit diesem geht man dann zur Behandlung. Ganz unproblematisch ist es, wenn man vor der Reise eine Reisekrankenversicherung abgeschlossen hat, denn so kann man sich für die nötige Behandlung Arzt und Krankenhaus schnell und unbürokratisch aussuchen.

Ärzte-Bereitschaftsdienst (Mo–Do 19–7 Uhr, Fr 19 Uhr bis Mo 7 Uhr) für Stadt und Land: ☏ 1 41.

Bedienungs- und Trinkgelder

Auch wenn in der Rechnung bereits ein Bedienungszuschlag enthalten ist, erwarten Kellner ein Trinkgeld. Stimmt der Service, sind 10 % der Rechnungssumme nicht zu viel. Ebenso hoch sollte man das Trinkgeld für Taxifahrer und Friseure ansetzen. Trinkgeld erwarten außerdem Rezeptionisten (etwa für die Besorgung von Theaterkarten), Zimmermädchen und Tankwarte. Viele erhalten in ihrem Dienstleistungsberuf nur den gesetzlichen Mindestlohn und sind auf das Trinkgeld als Teil Ihres Einkommens angewiesen.

Behinderte

Für Fragen und Hilfestellungen stehen zur Verfügung: Lebenshilfe Steiermark, Quergasse 5, 8010 Graz, ☏ (03 16) 9 15 89 50, 91 55 06. Auskünfte erteilen auch die Steirische Tourismus GmbH und die Grazer Tourismus GmbH (s. S. 93). Eine eigene Broschüre für Behinderte, die mit öffentlichen Verkehrsmitteln reisen wollen, geben die Österreichischen Bundesbahnen (ÖBB, s. S. 23) heraus.

Diplomatische Vertretungen

Deutschland: Generalkonsulat, Hamerlinggasse 6, 8010 Graz, ☏ (03 16) 82 14 01-0, 82 14 02-0, FAX 82 14 01-4.

Schweiz: Botschaft, Prinz-Eugen-Str. 7, 1030 Wien, ☏ (01) 79 50 50, FAX 7 95 05 21.

Einkaufen

Äußerlich zeigt man seine Liebe zur Steiermark mit steirischem Loden (zumindest einem Steirerhut). Natürlich bevorzugt man auch Weine aus der Steiermark im Glas und Kernöl auf dem Salat. Die beste und preisgünstigste Qualität erhält man direkt bei den Erzeugern, in Ölmühlen, Vinotheken, Buschenschanken und bei den Weinbauern. Innerhalb der Routen sind in diesem Buch viele gute Adressen angegeben.

Wesentliches Zubehör für einen Weinkeller finden Sie in Kroisbach an der Feistritz: In Haus Nr. 67 betreibt Fritz Eibel noch die Fassbinderei. Nach telefonischer Anmeldung (☏ 0 33 86/2 23) kann man ihm bei der Arbeit zusehen, während der Öffnungszeiten (Mo–Fr 8–17 Uhr) ein Fässchen kaufen.

Wer noch Gläser für den Weingenuss benötigt, erwirbt sie in Bärnbach (s. S. 76) ebenfalls am Ort ihrer Fertigung. Kunsthandwerk in reicher Auswahl bieten mehrere Geschäfte in Graz an (s. S. 24).

Einreise

Bürger Deutschlands und der Schweiz benötigen nur einen gültigen Personalausweis oder Reisepass.

Feiertage

1. Januar, 6. Januar (Dreikönigsfest), Ostermontag, 1. Mai (Tag der Arbeit), Christi Himmelfahrt, Pfingstmontag, Fronleichnam, 15. August (Maria Himmelfahrt), 26. Oktober (Nationalfeiertag), 1. November (Allerheiligen), 8. Dezember (Maria Empfängnis), 25./26. Dezember.

Geld und Devisen

Die österreichische Währung ist der Schilling (öS oder ATS). 1 öS = 100 Groschen (g). Im Umlauf sind Banknoten zu 5000, 1000, 500, 100, 50 und 20 öS sowie Münzen zu 20, 10, 5 und 1 öS und 50 und 10 g. Der Wechselkurs ist seit Jahrzehnten relativ konstant: 1 DM = ca. 7 öS, 100 öS = ca. 14 DM oder ca. 12 sFr.

Die Ein- und Ausfuhr von österreichischen Banknoten und von Fremdwährung ist in unbeschränkter Höhe erlaubt.

Am günstigsten wechselt man in Banken. Hotels und Restaurants wechseln in der Regel zu einem etwas schlechteren Kurs. Bankomaten (für ec- und Kreditkarten, Höchstgrenze 2500 öS pro Tag) findet man vor vielen Bankfilialen. Eurocheques und die meisten internationalen Kreditkarten werden in Banken, Hotels, Restaurants, von Mietwagenfirmen und in vielen Geschäften akzeptiert. Lediglich Tankstellen haben zur Kreditkarte ein ambivalentes Verhältnis, häufig kann man dort aber mit ec-Karte bezahlen.

Haustiere

Für Hunde und Katzen benötigt man ein tierärztliches Zeugnis und den Nachweis einer Tollwutschutzimpfung, die nicht frischer als einen Monat und nicht älter als ein Jahr ist.

In öffentlichen Verkehrsmitteln müssen Hunde generell einen Maulkorb tragen und angeleint sein, die Leine ist auch bei Spaziergängen in der freien Natur Vorschrift.

Impfungen

Für Reisen in die Steiermark wird eine Zeckenschutzimpfung empfohlen. Der Biss der kleinen Blutsauger kann FSME (Frühsommermeningitis, Hirnhautentzündung) und Borreliose verursachen, die Impfung bietet weitgehenden Schutz gegen FSME. In Wald und Gebüsch sind lange Hosen, langärmelige Hemden und eine Kopfbedeckung anzuraten, besonders für Kinder. Sollte kein Impfschutz bestehen, so emfiehlt es sich dringend, bei einem Zeckenbiss sofort einen Arzt aufzusuchen.

Information

Informationen vor der Reise erhält man in Deutschland bei der *Österreich-Werbung* in 82024 Taufkirchen bei München, Rotwandweg 4, ☎ (0 89) 66 67 01 00, ℻ 66 67 02 00, telefonische Prospektbestellung (Tonband 8–20 Uhr) ☎ 66 67 01 51. In der Schweiz wendet man sich an die *Österreich-Werbung* in 8036 Zürich, Zweierstraße 146, ☎ (01) 4 51 15 51, ℻ 4 51 11 80. In Österreich erhält man alle Informationen bei der *Österreich-Werbung* in 1040 Wien, Margaretenstraße 1, ☎ (01) 5 88 66-0, ℻ 5 88 66-48. Die drei Büros halten nicht nur allgemeine Informationen zur Steiermark und ihrem touristischen Angebot, sondern auch Ortsprospekte und Unterkunftsverzeichnisse zu jeder einzelnen Fremdenverkehrsgemeinde bereit.

Detaillierte Auskunft erteilt auch die *Steirische Tourismus GmbH,* St. Peter-Hauptstraße 243, 8042 Graz, ☎ (03 16) 40 30 33 oder 40 30 13, ℻ 40 30 13-10 oder -30, Internet: www.austria-info.at/st/index.html, sowie die *Grazer Tourismus GmbH,* Hans-Sachs-Gasse 10, 8010 Graz, ☎ (03 16) 83 52 41-0, ℻ 83 79 87.

Innerhalb der Steiermark unterhält fast jeder Ort ein Touristeninformationsbüro, häufig innerhalb des Gemeindeamts. Hier erhält man nicht nur Broschüren, sondern auch viele gute Tipps.

Notruf

Polizei (Gendarmerie): ☏ 1 33
Feuerwehr: ☏ 1 22
Ambulanz („Rettung"), Notarztwagen: ☏ 1 44

Pannenhilfe: ☏ 1 20 (ÖAMTC), 1 23 (ARBÖ).

Öffnungszeiten

Banken: meist Mo–Fr 8–12 und 14 bis 15.30 Uhr, Do bis 17.30 Uhr.

Geschäfte: meist Mo–Fr 8–12 und 15 bis 18 Uhr, Sa 8–12 Uhr. Lebensmittelgeschäfte öffnen meist früher. In größeren Orten ist die Mittagspause teilweise kürzer. In Graz haben die meisten größeren Geschäfte keine Mittagspause.

Post

Postämter sind Mo–Fr 8–12 und 14 bis 18 Uhr (Kassenschluss 17 Uhr) geöffnet. Das Hauptpostamt in Graz, Neutorgasse 46, und das Postamt am Grazer Hauptbahnhof, Bahnhofgürtel 48–50, haben rund um die Uhr geöffnet (nicht alle Dienste).

Postgebühren: Porto für Postkarten im Inland 5,50 öS, ins europäische Ausland 6 öS, Standardbriefe im Inland 6 öS, ins europäische Ausland 7 öS. Briefmarken erhält man auf Postämtern, in Tabaktrafiken, wie in Österreich die Tabakläden genannt werden, und auch in vielen Geschäften, die Ansichtskarten verkaufen.

Schneebericht

Telefonische Tonbandansage: ☏ 15 83.

Telefon

Telefonieren kann man von Postämtern und von Münzfernsprechautomaten. Immer zahlreicher werden Telefonzellen, in denen man mit Telefonkarten (zu 50 öS und 100 öS in jedem Postamt erhältlich) telefonieren kann. Bei älteren Münztelefonen muss der Zahlknopf gedrückt werden, wenn sich der angewählte Fernsprechteilnehmer meldet, sonst wird die Verbindung unterbrochen. Landesvorwahl Deutschland 00 49, Schweiz 00 41 (danach Ortsvorwahl ohne die 0, danach die Teilnehmernummer). Österreich hat die Vorwahl 00 43, danach wählt man die Ortsvorwahl ohne die 0, danach die Teilnehmernummer.

Fernsprechauskunft: für Österreich ☏ 16 11, für Deutschland ☏ 16 12, für die anderen europäischen Länder ☏ 16 13, für außereuropäische Länder ☏ 16 14.

Über das Mobilfunknetz von PTV Austria sind Sie auch in Österreich unter Ihrer D2-Nummer erreichbar. Für Auslandsgespräche nach Deutschland bzw. in die Schweiz müssen Sie die internationale Zugangsnummer wählen („+"-Zeichen), dann die Landesvorwahl und die Ortsvorwahl ohne 0.

Wetter

Telefonische Tonbandansage: ☏ 15 60.

Zoll

Seit dem Beitritt Österreichs zur EU gibt es im Reiseverkehr für Deutsche keine Mengenbegrenzungen mehr. Bei größeren Mengen, die z. B. über 800 Zigaretten, 90 l Wein, 10 l Spirituosen hinausgehen, muss man allerdings glaubhaft machen, dass sie ausschließlich für den Eigenbedarf bestimmt sind.

Für Schweizer gilt bei der Einreise nach Österreich: Zollfrei sind pro Person über 17 Jahre 200 Zigaretten (bzw. 50 Zigarren oder 250 g Tabak), 2 l alkoholische Getränke unter 22 Vol.-%, 1 l Spirituosen über 22 Vol.-% sowie Geschenke bis zum Gesamtwert von 2500 öS.

Bei der Wiedereinreise in die Schweiz sind zollfrei: Gegenstände des persönlichen Bedarfs und Tabakwaren in den oben angegebenen Mengen, 2 l alkoholische Getränke unter 15°, außerdem Geschenke bis zum Gesamtwert von 200 sFr.